A
TRAVERS
LES
PLAISIRS
PARISIENS
GUIDE INTIME
DÉPÔT
28, Rue Berthollet PARIS
4e édition

A TRAVERS

LES

PLAISIRS PARISIENS

J. R. CICERONE

A TRAVERS

LES

PLAISIRS PARISIENS

GUIDE INTIME

ÉDITION & PUBLICITÉ
120, Boulevard de la Chapelle, 120
PARIS

1900

AU LECTEUR

Les Guides ayant pour but de diriger l'Etranger dans Paris et de lui faire connaître les curiosités de la capitale sont nombreux, mais en les comparant entre eux on peut constater que tous sont composés sur un plan uniforme.

Avec une notice plus ou moins intéressante ou détaillée sur chaque palais, monument, musée, école, théâtre, etc., on y trouve quelques renseignements sur la vie courante, les moyens de transport, les postes et télégraphes, etc., mais aucun ne donne une Liste complète des Etablissements où l'on s'amuse. De ce fait, ils sont insuffisants, mais ceci s'explique et leur est en quelque sorte obligatoire puisqu'ils s'adressent au grand public.

Pénétré de cette insuffisance, j'ai eu l'idée d'y remédier en composant ce petit Guide qui ne convient pas à tout le monde précisément à cause de son caractère original et complémentaire de ceux qui existent.

J'estime que si la plupart des Etrangers qui viennent à Paris s'intéressent surtout à la vie intellectuelle de la « Ville Lumière » qui fait rayonner le génie français sur le monde entier, il en est davantage encore qui viennent y chercher les plaisirs et les distractions que seule la « Babylone moderne » peut leur offrir.

Et c'est à ces derniers que mon Guide s'adresse, c'est aux viveurs des deux hémisphères qui, au lieu de recourir à des intermédiaires indiscrets ou trompeurs, trouveront dans ces pages la liste complète de tous les Établissements où l'on s'amuse : théâtres, concerts, cafés, bals, cirques, bouges, etc., etc., avec tous les renseignements les concernant.

Ils pourront ainsi, sans autre Guide que celui-ci, pénétrer dans tous les mondes et, proportionnant leurs plaisirs à l'importance de leur bourse, donner satisfaction à leurs curiosités, à leurs désirs.

Je me suis efforcé de le faire exact et complet, mais si le lecteur y trouve des erreurs ou des lacunes, je lui saurai gré de me les signaler pour en tenir compte dans une nouvelle édition.

L'AUTEUR. [1]

---

[1] Paris, 28, rue Berthollet.

AVANT-PROPOS

— Avez-vous jamais été en France, monsieur Martin ?

— Oui, j'ai parcouru plusieurs provinces. Il y en a où la moitié des habitants est folle, quelques-unes où l'on est trop rusé, d'autres où l'on est communément assez doux et assez bête ; d'autres où l'on fait le bel esprit, et, dans toutes, la principale occupation est l'amour ; la seconde, de médire, la troisième de dire des sottises.

— Mais, M. Martin, avez-vous vu Paris ?

— Oui, j'ai vu Paris ; il tient de toutes ces espèces-là ; c'est un cháos, c'est une presse dans laquelle tout le monde cherche le plaisir, et où presque personne ne le trouve, du moins à ce qu'il m'a paru. J'y ai séjourné peu ; j'y fus volé, en arrivant, de tout ce que j'avais, par des filous à la foire de Saint-Germain ; on me prit moi-même pour un voleur et je fus huit jours en prison ; après quoi je me fis correcteur d'imprimerie pour gagner de quoi retourner à pied en Hollande. Je connus la canaille écrivante, la canaille cabalante, et la canaille convulsionnaire. On dit qu'il y a des gens fort polis dans cette ville-là, je veux le croire.

(Voltaire. — Candide ou l'optimisme.)

Avec ce tableau du temps de M. de Voltaire, le lecteur pourra juger si les hommes de notre époque sont différents. Quant aux mœurs, nous les croyons sensiblement les mêmes, et s'il a paru au philosophe Martin que le plaisir était introuvable, c'est qu'alors il n'avait pas en main le *Guide intime*.

Aussi, pour éviter de se trouver dans le cas du philosophe, le lecteur aura-t-il intérêt et profit à lire les renseignements qui vont suivre et les conseils que nous croyons devoir lui donner et que nous recommandons à toute son attention.

CONSEILS GÉNÉRAUX

Un voyage à Paris est, le plus souvent, déterminé par une cause imprévue, mais quand l'occasion de ce voyage se présente, c'est avec un ineffable plaisir que l'oisif ou l'homme d'affaires saute dans le wagon qui doit l'amener dans la capitale.

Ceux qui veulent *voir* Paris dans toute son activité, dans tout son mouvement, dans toute son animation, doivent choisir les mois de novembre à mai.

En été, la ville n'a plus son caractère habituel, la population aisée allant aux eaux, à la mer, à la campagne ou en voyage ; le monde artiste émigre en même temps, et leur absence, avec la chaleur, amènent la fermeture de presque tous les théâtres.

Paris se trouve alors privé de bien des distractions ; néanmoins, même à cette époque, il en offre encore d'assez nombreuses et variées pour éviter tout ennui à ses visiteurs.

Avant de partir, si l'on veut ne pas avoir de déconvenues, il est prudent d'établir largement son budget, escomptant à la fois les cadeaux que l'on veut rapporter et l'imprévu qui se manifeste toujours, surtout en matière de plaisir.

Mille occasions se présentent pour faire des dépenses et Paris peut être une ville très chère. Un louis par jour procurera à certains toutes les félicités, quand d'autres trouveront peu de distractions en dépensant cinquante francs par jour ou même davantage.

Or, si l'on veut s'amuser, voir les principaux théâtres, concerts, et autres établissements où l'on ne va généralement pas seul, tout en visitant les divers quartiers de la capitale, nous estimons que quinze jours ne seront pas de trop.

Peu d'étrangers viennent à Paris sans s'être inquiétés d'un hôtel. Ces lieux de refuge fourmillent, depuis celui où « l'on loge à la nuit » jusqu'aux installations modernes les plus confortables.

Si les relations n'obligent pas à descendre plutôt dans un quartier que dans un autre, ceux qui viennent uniquement pour leurs plaisirs et sans être astreints à compter, préfèrent les hôtels des boulevards ou avoisinant les quartiers de l'Opéra, du Louvre, de la Bourse et de la Madeleine.

Toutefois, quel que soit l'hôtel choisi, il est toujours prudent, même si l'on n'y doit passer qu'une nuit, de se renseigner sur les prix, on évitera ainsi toute surprise désagréable.

Si l'on est porteur de sommes importantes, espèces ou valeurs, il est également prudent de les confier à l'hôtelier contre un reçu, ou à une maison de banque ; malgré la bonne tenue et la surveillance d'un hôtel, une malle ou un meuble peut être facilement fracturé.

Dès qu'il entre en possession de sa chambre, le voyageur jouit de toute sa liberté pourvu qu'il ne fasse ni bruit ni scandale pouvant importuner les voisins.

Une fois installé, une promenade sur les boulevards en dira plus que ne le feraient de longues phrases.

Ce qui frappe d'abord, c'est le cachet grandiose de l'ensemble de Paris, les superbes voies si parfaitement entretenues, qui annoncent la cité universelle et rendent si faciles et si promptes les communications entre tous les quartiers.

Ensuite, c'est l'animation extrême qui règne à peu près partout à la fois. A cela, rien d'étonnant car les voitures qui circulent sont innombrables, et les cris des marchands et industriels ambulants appelant l'attention des passants viennent s'ajouter au bruit des cornets des tramways, des cyclistes, etc., etc.

Si l'on veut faire cette promenade en voiture, on n'a qu'à héler un cocher.

Si l'on préfère la faire à pied, il est bon de se tenir sur ses gardes, car il est quelquefois d'adroits filous cherchant toujours aventure en sachant distinguer la physionomie de l'étranger.

Lorsqu'on est seul, il vaut mieux éviter d'aller à une heure avancée de la nuit dans les quartiers excentriques, et en général s'attarder après une heure du matin.

Si des rencontres agréables se présentent, il ne faut pas prêter une oreille trop complaisante aux invitations de ces sirènes de la rue souvent habiles à exploiter l'étranger.

D'ailleurs, si le viveur veut commencer à goûter à la coupe des plaisirs, il n'a qu'à chercher, dans les pages qui suivent, le genre convenant à son état d'esprit du moment, sans oublier pourtant que cette coupe est parfois amère.

COMMISSARIATS DE POLICE

Des faits toujours imprévus pouvant obliger à recourir au Commissaire de police, nous croyons utile de donner tout d'abord la liste des Commissariats.

Il est bon de connaître la demeure du magistrat auquel toutes les classes de la société ont à faire. Tantôt c'est pour une rixe, un vol, une attaque nocturne, un suicide, tantôt pour un différend entre marchands et acheteurs, tantôt pour mettre fin à une interminable discussion avec un cocher, etc., etc.

Les Commissariats sont ouverts au public de 9 heures du matin à 10 heures du soir, mais pendant la nuit, en cas d'évènement grave, le Commissaire est encore à la disposition du public.

ARRONDISSEMENTS	QUARTIERS	COMMISSARIATS DE POLICE
Ier **DU LOUVRE** *Mairie et Justice de paix :* *place du Louvre, 4.*	1 St-Germain-l'Auxerrois. 2 Halles. 3 Palais-Royal. 4 Place Vendôme.	q. de l'Horloge, 7 (P. de Just.) rue des Prouvaires, 8. rue des Bons-Enfants, 21. Marché Saint-Honoré
IIe **DE LA BOURSE** *Mairie et Justice de paix :* *rue de la Banque, 8*	5 Gaillon. 6 Vivienne. 7 Mail. 8 Bonne-Nouvelle.	rue Marsollier, 9. rue d'Amboise, 5. rue d'Aboukir, 43. rue Chénier, 8.
IIIe **DU TEMPLE** *Mairie et Justice de paix :* *rue des Archives, 98.*	9 Arts-et-Métiers. 10 Enfants-Rouges. 11 Archives. 12 Sainte-Avoie.	rue N.-D.-de-Nazareth, 60. rue de Bretagne, 62. rue Barbette, 14. rue du Temple, 85.
IVe **DE L'HOTEL-DE-VILLE** *Mairie et Justice de paix :* *place Baudoyer, 2.*	13 Saint-Merri. 14 Saint-Gervais. 15 Arsenal. 16 Notre-Dame.	quai des Gesvres, 16. rue du Trésor, 9. rue de la Cerisaie, 10. quai aux Fleurs, 11.
Ve **DU PANTHÉON** *Mairie et Justice de paix :* *place du Panthéon.*	17 Saint-Victor. 18 Jardin-des-Plantes. 19 Val-de-Grâce. 20 Sorbonne.	rue de Poissy, 31. rue Geoffroy-St-Hilaire, 5. rue Vauquelin, 1. rue Saint-Jacques, 55.
VIe **DU LUXEMBOURG** *Mairie et Justice de paix :* *rue Bonaparte, 78,*	21 Monnaie. 22 Odéon. 23 N.-D.-des-Champs. 24 St-Germain-des-Prés	r. des Grands-Augustins, 19. rue Crébillon, 2. rue Abbé-Grégoire, 37. rue des Saints-Pères, 17.
VIIe **DU PALAIS-BOURBON** *Mairie et Justice de paix :* *rue de Grenelle, 116.*	25 St-Thomas-d'Aquin. 26 Invalides. 27 École-Militaire. 28 Gros-Caillou	rue Gribeauval, 3. rue de Varenne, 84. avenue Breteuil, 72. rue Amélie, 6.
VIIIe **DE L'ÉLYSÉE** *Mairie et Justice de paix :* *rue d'Anjou, 11.*	29 Champs-Elysées. 30 Faubourg-du-Roule. 31 Madeleine. 32 Europe.	avenue d'Antin, 29 rue Berryer, 12. rue d'Astorg, 28 rue de Moscou, 24.
IXe **DE L'OPÉRA** *Mairie et Justice de paix :* *rue Drouot, 6.*	33 Saint-Georges. 34 Chaussée-d'Antin. 35 Faubourg-Montmartre. 36 Rochechouart.	rue de la Rochefoucault, 37. rue de Provence, 64. faubourg Montmartre, 21. rue Rochechouart, 57.
Xe **DE L'ENCLOS-ST-LAURENT** *Mairie et Justice de paix :* *Faubourg St-Martin, 72.*	37 Saint-Vincent-de-Paul. 38 Porte-Saint-Denis. 39 Porte-Saint-Martin. 40 Hôpital Saint-Louis.	faubourg Saint-Denis, 179. cité d'Hauteville, 4. passage du Désir, 26. quai Jemmapes, 154.

ARRONDISSEMENTS	QUARTIERS	COMMISSARIATS DE POLICE
XIe DE POPINCOURT *Mairie et Justice de paix :* *place Voltaire*	41 Folie-Méricourt. 42 Saint-Ambroise. 43 Roquette. 44 Sainte-Marguerite.	rue des Trois-Bornes, 30. rue Pasteur, 6. rue Camille-Desmoulins, 2. rue des Boulets, 38.
XIIe DE REUILLY *Mairie et Justice de paix :* *Avenue Daumesnil, 130.*	45 Bel-Air. 46 Picpus. 47 Bercy. 48 Quinze-Vingts.	rue Bignon, 3. à la Mairie. boulevard de Bercy, 26. rue Traversière, 59.
XIIIe DES GOBELINS *Mairie : place d'Italie.* *J. de paix : r. Ph.-de-Champagne*	49 Maison-Blanche. 50 Gare. 51 Salpêtrière. 52 Croulebarbe.	r. de la Butte-aux-Cailles, 10. r. du Château-des-Rentiers, 165 rue Rubens, 6. id.
XIVe DE L'OBSERVATOIRE *Mairie et Justice de paix :* *place de Montrouge.*	53 Montparnasse. 54 Santé. 55 Petit-Montrouge. 56 Plaisance.	rue Huyghens, 4. passage Montbrun, 2. id. rue Roger-Barret, 12.
XVe DE VAUGIRARD *Mairie et Justice de paix :* *rue Péclet, 23.*	57 Saint-Lambert. 58 Necker. 59 Grenelle. 60 Javel.	place de Vaugirard, 16. rue Blomet, 15 bis. rue Fondary, 67. rue Saint-Charles, 135.
XVIe DE PASSY *Mairie et Justice de paix :* *avenue Henri-Martin, 71.*	61 Auteuil. 62 Muette. 63 Porte-Dauphine. 64 Chaillot.	boulevard Exelmans, 36. rue Eugène-Delacroix, 19. rue du Mesnil, 14. r. Bouquet de Longchamp, 4.
XVIIe DES BATIGNOLLES-MONCEAUX *Mairie et Justice de paix :* *rue des Batignolles, 18.*	65 Les Ternes. 66 Plaine-Monceaux. 67 Batignolles. 68 Épinettes.	rue Fourcroy, 3. boulevard Malesherbes, 132. place des Batignolles, 16. rue Berzélius, 2.
XVIIIe DE LA BUTTE-MONTMARTRE *Mairie : rue Ordener, 117.* *Just. de Paix : place J.-Joffrin*	69 Grandes-Carrières 70 Clignancourt. 71 Goutte-d'Or. 72 La Chapelle.	rue Cauchois, 19. rue Marcadet, 66. rue Stephenson, 23. rue Philippe-de-Girard, 68.
XIXe DES BUTTES-CHAUMONT *Mairie et Justice de paix :* *place Armand-Carrel.*	73 La Villette. 74 Pont-de-Flandre. 75 Amérique. 76 Combat.	rue de Tanger, 17. rue de Flandre, 142. rue du Pré-St-Gervais, 13. rue Pradier, 10.
XXe DE MÉNILMONTANT *Mairie et Justice de paix :* *place Gambetta, 6.*	77 Belleville. 78 Saint-Fargeau. 79 Père-Lachaise. 80 Charonne.	rue Étienne-Dolet, 30. rue du Surmelin, 38. place Gambetta, 6. rue Alexandre Dumas, 104.

Commissariat spécial des Halles : rue des Halles, 34.

MOYENS DE TRANSPORT

Avant de commencer l'énumération des Établissements de plaisir, il est utile de savoir comment s'y
transporter.

Nous ne parlerons ni des omnibus (15 centimes à
l'impériale, 30 centimes à l'intérieur) qui portent bien
en vue l'indication de leurs itinéraires, ni des bateaux
(10 centimes la semaine, 20 centimes le dimanche).

Nous ne nous occuperons que des moyens rapides

de transport, des voitures publiques, en indiquant leurs tarifs et les droits et devoirs de leurs conducteurs.

Les cochers doivent marcher à toute réquisition, quel que soit le rang qu'ils occupent aux stations, ou s'ils sont rencontrés sur la voie publique avec leur voiture libre et, au besoin, se rendre au lieu de chargement.

Il leur est enjoint d'offrir leur numéro au client montant dans leur voiture — on doit même le demander pour s'assurer la voiture, et parce qu'il est nécessaire en cas de réclamation.

Ils ne sont pas tenus d'admettre plus de voyageurs qu'il n'y a de places indiquées à l'intérieur de leur voiture, et une voiture à strapontin est considérée comme n'en ayant que deux, à moins que le cocher n'accepte trois voyageurs.

Ils ne sont pas tenus non plus de recevoir les animaux.

Ils doivent effectuer le chargement et le déchargement des bagages ; ceux dont les voitures n'ont pas de galeries ne sont pas obligés d'en accepter d'autres que les bagages à la main.

Peu de Parisiens savent combien sont sévères les règlements auxquels cette corporation est soumise et quelles armes le public a entre les mains contre certains de ces cochers souvent trop peu complaisants. Une ordonnance de police dit :

« Les cochers seront prévenants envers le public. Ils aideront les voyageurs et surtout les femmes et les enfants à monter dans leur voiture et à en descendre.

« Toute impolitesse sera sévèrement punie.

« Après chaque course ils devront visiter leur voiture et remettre aux voyageurs les objets que ceux-ci pourraient y avoir laissés. »

En cas de non exécution de ce règlement, on peut recourir aux agents chargés de dresser des contraventions. Sans même avoir besoin de s'adresser aux agents, il suffit à un voyageur mécontent de mentionner le fait sur le registre déposé au kiosque de chaque station de voiture, ou encore d'envoyer le numéro de la voiture ainsi que la plainte directement au Préfet de la Seine.

Une commission spéciale fait immédiatement une enquête et peut, comme punition, retirer au cocher son permis de conduire et le mettre à pied.

TARIF. — *Dans Paris :* Tarif de jour à partir de 6 heures du matin en été (du 1er avril au 30 septembre) et de 7 heures en hiver (du 1er octobre au 31 mars) jusqu'à minuit et demi.

Tarif de nuit de minuit et demi à 6 ou 7 heures du matin.

Hors Paris : Tarif de jour de 6 heures à minuit en été et 10 heures en hiver.

Un cocher qu'on fait attendre plus d'un quart d'heure doit être payé à l'heure.

TARIF DANS PARIS prise dans une gare ou dans la rue	Le jour de 6 ou 7 h. du mat. à minuit et demi		La nuit de minuit et demi à 6 ou 7 h. du matin	
	Course	Heure	Course	Heure
Voitures à 2 places	1 fr. 50	2 fr. —	2 fr. 25	2 fr. 50
» 4 »	2 fr. —	2 fr. 50	2 fr. 50	2 fr. 75
Landau à 6 »	2 fr. 50	3 fr. —	3 fr. —	3 fr. 50

TARIF HORS PARIS, de 6 h. du matin à minuit en été et 10 heures en hiver

Hors des fortifications	Si on la garde pour rentrer	Si on la quitte dehors	Si on la prend dehors
Voitures à 2 places	2 fr. 50 l'heure	indemnité	2 fr. — l'heure
» 4 »	2 fr. 75 »	1 fr.	2 fr. 50 »
Landau à 6 »	3 fr. — »	2 fr.	3 fr. —

La première heure se paie toujours en entier, mais le temps excédant se compte par quart d'heure.

Bagages. — 1 colis, 25 centimes ; 2 colis, 50 centimes ; 3 colis et plus, 75 centimes.

Il est interdit aux cochers d'exiger un pourboire, mais il est d'usage de leur donner 25 centimes pour une course ordinaire ou pour une heure.

Les objets oubliés dans les voitures doivent être déposés par les cochers à la Préfecture de Police où se font les réclamations.

La nuit, il est toujours préférable de prendre une voiture qui va remiser dans le quartier qu'on habite, et l'on reconnaît ces voitures à la *couleur de leurs lanternes :*

Le *bleu* indique Popincourt-Belleville (N.-E. de Paris.)

Le *jaune*, faubourg Poissonnière-Montmartre (centre de Paris).

Le *rouge*, Passy-Batignolles (Ouest de Paris).

Le *vert*, les Invalides et l'Observatoire (Sud de Paris).

THÉÂTRES

Nous commençons la nomenclature de tous les lieux de plaisir par les *Théâtres*.

Parmi ceux-ci (une vingtaine environ) il en est que tout étranger a le *devoir* de visiter pour se rendre compte des chefs-d'œuvre de l'esprit et de l'art français : ce sont les théâtres nationaux subventionnés, Opéra, Opéra-comique, Théâtre-Français et Odéon.

Pour la plupart nous donnons une vue de la salle afin de faciliter le choix des places, et, pour tous, les tarifs de ces places.

Les représentations commencent de 8 à 8 h. 1/2 pour finir généralement vers minuit.

Pour les spectacles, il y a lieu de consulter chaque jour les journaux et les affiches.

Les meilleures places sont d'abord les fauteuils d'orchestre, puis les stalles d'orchestre ; le parterre pour les petites bourses, et, notamment avec des dames, les fauteuils de balcon, ceux des premières ou des galeries, les premières et les deuxièmes loges de face.

Les dames ne vont pas au parterre et, dans beaucoup de théâtres ne sont pas admises aux fauteuils d'orchestre ou n'y sont admises que sans chapeau ni coiffure.

Un impôt forcé auquel le public se résigne est celui du petit banc lorsqu'on va au théâtre avec une dame. On donne à l'ouvreuse de 25 à 50 centimes à la fin de la représentation.

Il faut se défier des billets offerts par des marchands à la porte des théâtres et sur la voie publique.

Il est utile pour les spectateurs de savoir que dans tout théâtre un commissaire de police est chargé de la surveillance générale pendant la représentation, et que c'est à lui qu'ils doivent s'adresser en cas de réclamation.

Chaque théâtre possède également un service médical de façon qu'il y ait constamment un médecin présent depuis le commencement jusqu'à la fin de la représentation.

AMBIGU-COMIQUE
(1800 places)
Administration : Boulevard Saint-Martin.
Location de 11 à 6 heures. — Téléphone 266.88.

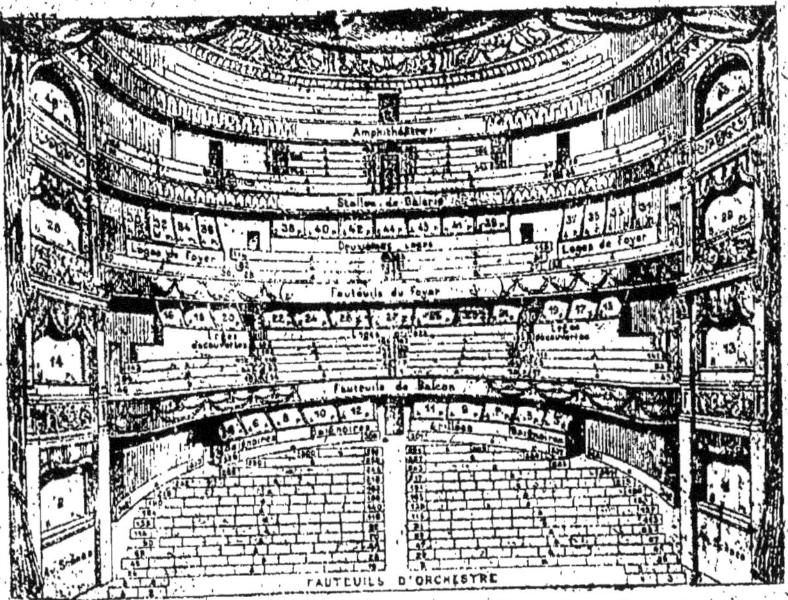

Prix des places.

	Bureau	Location
Premières avant-scènes	9 fr. —	10 fr. —
Premières loges baignoires.	8 fr. —	9 fr. —
Deuxièmes loges de face	4 fr. —	4 fr. 50
— avant-scènes	4 fr. —	4 fr. 50
Fauteuils d'orchestre (1re série) . .	7 fr. —	8 fr. —
— — (2e série) . .	6 fr. —	7 fr. —
— — (3e série) . .	5 fr. —	6 fr. —
— de balcon 1er rang . .	7 fr. —	8 fr. —
— face, autres rangs. .	6 fr. —	7 fr. —
— de côté	4 fr. —	4 fr. 50
— de foyer, 1er rang . .	4 fr. —	4 fr. 50
— — autres rangs.	3 fr. —	3 fr. 50
Stalles de galerie	2 fr. —	2 fr. 50
Amphithéâtre	1 fr. —	

Les loges sont de 2, 4, 5, 6 et 8 places et ne se détaillent pas. A chaque *première représentation* toutes les places du rez-de-chaussée et du 1er étage sont à 10 francs. Les dames sont admises à toutes les places. — Les enfants paient place entière.

BOUFFES-PARISIENS
1100 places.

Administration : Rue Monsigny, 4. Location de 10 à 7 h.
Téléphone 259.19.

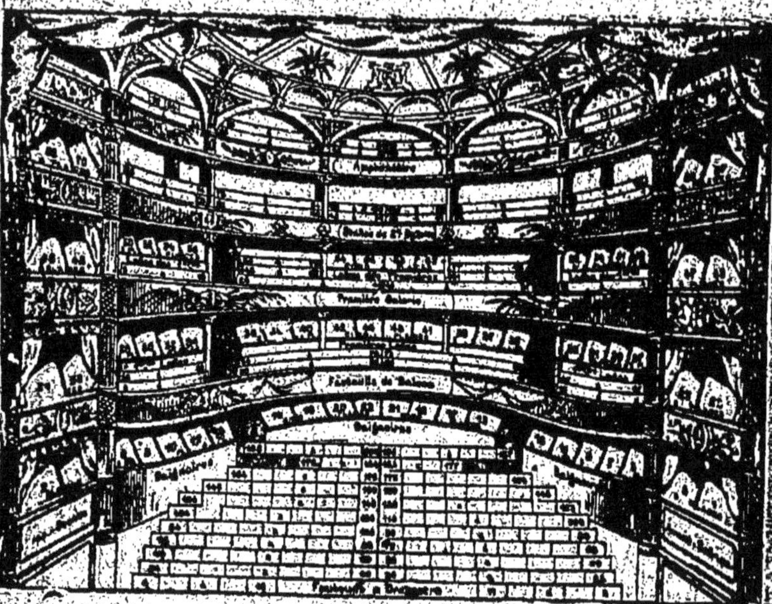

Prix des places.

	Bureau	Location
Avant-scènes du rez-de-chaussée.	50 fr.	60 fr.
Baignoires grillé s	50 fr.	60 fr.
5 places	40 fr.	50 fr.
4	32 fr.	40 fr.
Loges de balcon, 5 places	40 fr.	50 fr.
4	32 fr.	40 fr.
Fauteuils d'orchestre	7 fr.	9 fr.
de balcon	7 fr.	9 fr.
Avant-scènes de seconde galerie.	16 fr.	20 fr.
Loges de seconde gal. (5 places)	20 fr.	25 fr.
(4 places)	16 fr.	20 fr.
Fauteuils	4 fr.	5 fr.
Avant-scènes de troisième galerie	8 fr.	10 fr.
Stalles de troisième galerie	2 fr.	2 fr. 50
quatrième	1 fr.	1 fr. 50

Les dames sont admises aux fauteuils d'orchestre. Les enfants paient place entière.

Les avant-scènes, baignoires et loges de balcon ne se détaillent pas.

CLUNY
850 places.

Administration : Rue St-Jacques. — Location de 11 à 8 h.
Téléphone 807.76.

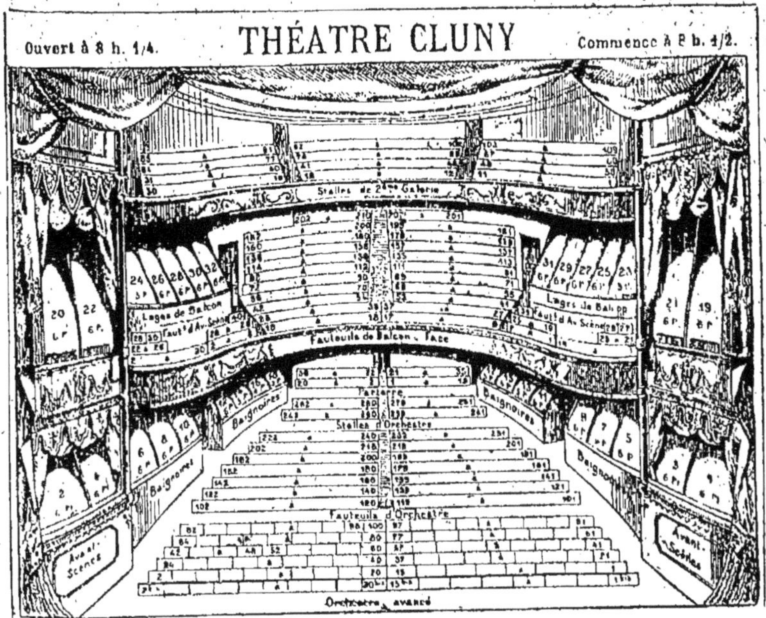

Prix des places.

	Bureau	Location
Avant-scènes du rez-de-chaussée.	36 fr. —	42 fr. —
— des premières, 6 pl.	36 fr. —	42 fr. —
Baignoires, 6 places.	30 fr. —	36 fr. —
Loges des prem. de balc., 6 plac.	24 fr. —	30 fr. —
Fauteuils d'orchestre avancés. . .	5 fr. —	6 fr. —
— d'avant-scènes.	4 fr. —	4 fr. 50
— d'orchestre	4 fr. —	4 fr. 50
— de balcon, 1er et 2e rangs	4 fr. —	4 fr. 50
— — autres	3 fr. —	3 fr. —
Stalles d'orchestre	2 fr. 50	3 fr. —
— de 2e galerie.	1 fr. —	1 fr. 50
— Parterre	1 fr. 50	1 fr. 75

Dimanches et fêtes, matinée à 1 h. 1/2. Les dames sont admises
à toutes les places.

GAITÉ (2200 places).

Administration : Rue Réaumur, 70.
Location de 11 à 7 heures.
Téléphone 129.09.

Prix des places.

	Bureau	Location
Premier bureau Avant-scènes du r.-de-chaus.	10 fr. —	12 fr. —
— des baignoires .	10 fr. —	12 fr. —
— des premières .	10 fr. —	12 fr. —
Baignoires.	7 fr. —	9 fr. —
Loges de la 1re galerie . . .	8 fr. —	10 fr. —
Fauteuils d'orchestre. . . .	7 fr. —	9 fr. —
— de 1re gal. 1er rang.	8 fr. —	10 fr. —
— — autres rangs.	7 fr. —	9 fr. —
Deuxième bureau Fauteuils de la 2e galerie. . .	5 fr. —	6 fr. —
Loges de la 2e galerie . . .	5 fr. —	6 fr. —
Avant-scènes de la 2e galerie.	5 fr. —	6 fr. —
Stalles de la 2e galerie	3 fr. —	4 fr. —
— d'orchestre.	4 fr. —	5 fr. —
Avant-scènes de la 3e galerie.	2 fr. 50	3 fr. 50
Stalles de la 3e gal. de face .	2 fr. 50	3 fr. 50
— — de côté .	2 fr. —	3 fr. —
Quatrième galerie de face . .	1 fr. —	—
— — de côté . . .	0 fr. 50	—

Les enfants paient place entière. Les dames sont admises à toutes les places.

GYMNASE
1070 places.
Administration : Boulevard Bonne-Nouvelle, 38.
Location de 11 à 6 heures. — Téléphone.

Prix des places.

		Bureau	
Premier bureau	Avant-scènes du r.-de.-chaus.	15 fr. —	
	— de balcon	15 fr. —	
	Loges de face	10 fr. —	
	Baignoires.	10 fr. —	
	Fauteuils d'orchestre.	10 fr. —	
	— de balcon	10 fr. —	
	— de foyer	7 fr. —	
	Loges de foyer de 3/4 . . .	6 fr. —	
	— — de côté	5 fr. —	
	avant-scènes de foyer.	5 fr. —	
2me bureau	Stalles de la 2e gal. de face .	3 fr. —	
	Avant-scènes de la 2e galerie.	2 fr. —	
	Loges de la 2e galerie de 3/4 .	3 fr. —	
	— de côté	2 fr. 50	
	Stalles de la 3e gal. 1er rang.	2 fr. —	
	— autres rangs.	1 fr. 50	
	Avant-scènes de la 3e galerie.	1 fr. —	
	Qu.trièmes loges	1 fr. 50	

Le prix des places en location est le même qu'au bureau le oir.

Les enfants paient place entière. Les dames sont admises aux fauteuils d'orchestre.

NOUVEAU-THÉATRE

1000 places.

Administration : Rue Blanche, 15.
Location de 10 à 7 heures.

Téléphone 155.44.

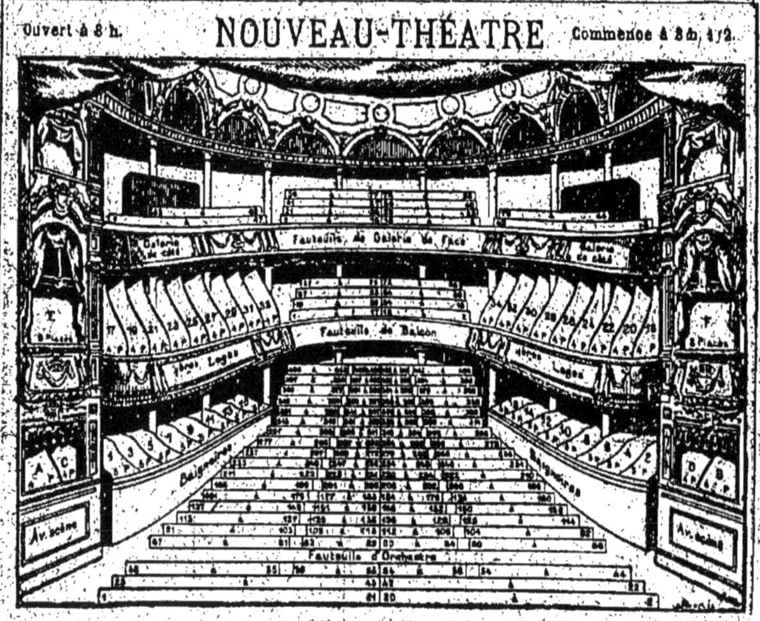

Prix des places.

	Bureau	Location
Avant-scènes (4 places)	10 fr. —	12 fr. —
Baignoires (4 places)	5 fr. —	6 fr. —
Premières loges (4 places)	5 fr. —	6 fr. —
Fauteuils d'orchestre (6 1ers rangs).	5 fr. —	6 fr. —
— — (autres rangs).	2 fr. 50	3 fr. —
Fauteuils de balcon (1er rang) . .	5 fr. —	6 fr. —
— (autres rangs).	2 fr. 50	3 fr. —
Fauteuils de galerie de face . . .	1 fr. 50	2 fr. —
— — de côté. . .	1 fr. —	. .

NOUVEAUTÉS
1000 places.
Administration : Boulevard des Italiens, 26.
Location de 11 à 7 heures.
Téléphone 102.51.

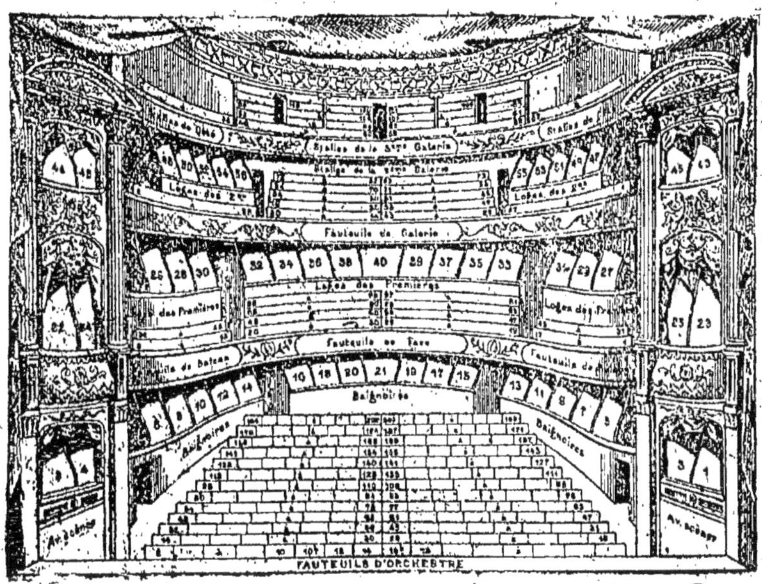

Prix des places.

	Bureau	Location
Avant-scènes du rez-de-chaussée	50 fr. —	60 fr. —
— des premières . . .	50 fr. —	60 fr. —
Baignoires	8 fr. —	10 fr. —
Fauteuils de balcon 1er rang . . .	8 fr. —	10 fr. —
— — autres rangs	7 fr. —	9 fr. —
— — d'orchestre	8 fr. —	10 fr. —
Premières loges	8 fr. —	10 fr. —
Avant scènes des deuxièmes . . .	4 fr. —	5 fr. —
Deuxièmes loges	4 fr. —	5 fr. —
Fauteuils de galerie 1er rang . . .	5 fr. —	6 fr. —
— — autres rangs	4 fr. —	5 fr. —
Stalles de galerie	2 fr. —	2 fr. 50

Les loges des premières et les baignoires se louent entières,
Les dames sont admises à toutes les places.

ODÉON (1400 places).
Administration : Rue de Vaugirard, 18.
Location de 11 à 6 heures. Téléphone 811.11.

Prix des places.

		Bureau	Location
Premier Bureau	Avant-scènes des 1res à salon	12 fr. —	14 fr. —
	— du rez-de-chaussée	12 fr. —	14 fr. —
	Baignoires d'avant scènes	10 fr. —	12 fr. —
	Premières loges de face	8 fr. —	10 fr. —
	Fauteuils d'orchestre	6 fr. —	8 fr. —
	Premières loges de balcon	5 fr. —	7 fr. —
	— de côté	5 fr. —	7 fr. —
	Fauteuils de 1re galérie, 1er rang	6 fr. —	8 fr. —
	Fauteuils de 1re galerie, 2me et 3me rangs	5 fr. —	7 fr. —
	Baignoires	4 fr. —	6 fr. —
	Stalles de la 2me galerie	3 fr. 50	4 fr. —
	Avant-scène des deuxième	2 fr. 50	3 fr. —
	Deuxièmes loges de face	3 fr. —	4 fr. —
	— de balcon	1 fr. 50	2 fr. —
2me Bur.	Stalles de parterre	2 fr. 50	3 fr. —
	— du deuxième balcon	1 fr. 50	2 fr. —
	Avant-scènes des troisièmes	1 fr. —	1 fr. 50
	Troisièmes galeries	1 fr. —	—
	Quatrièmes	0 fr. 50	—

Les enfants paient place entière.
Les dames sont admises a toutes les places excepté au parterre.
Matinées tous les dimanches de 1 h. et demie à 7 h.
Matinées-Conférences tous les jeudis.
Les lundi, représentations à prix réduits et par abonnements,

OPÉRA (2200 places).

Administration : Boulevard Haussmann.
Location de 10 à 6 heures. Téléphone 231,53.

Prix des places.

		Bureau	Location
Stalles de parterre		7 fr. —	9 fr. —
Fauteuils d'orchestre		14 fr. —	16 fr. —
— d'amphithéâtre		15 fr. —	17 fr. —
Baignoires d'avant scène		15 fr. —	17 fr. —
		14 fr. —	16 fr. —
1res	Avant-scènes	17 fr. —	19 fr. —
	Entre-colonnes	17 fr. —	19 fr. —
	Loges de face	17 fr. —	19 fr. —
	— de côté	15 fr. —	17 fr. —
2mes	Avant-scènes	14 fr. —	16 fr. —
	Entre-colonnes	14 fr. —	16 fr. —
	Loges de face	14 fr. —	16 fr. —
	— de côté	10 fr. —	12 fr. —
3mes	Avant-scènes	5 fr. —	7 fr. —
	Loges de face	8 fr. —	10 fr. —
	Entre-colonnes	8 fr. —	10 fr. —
	Loges de côté	5 fr. —	7 fr. —
	Loges de face	3 fr. —	5 fr. —
4mes	Avant-scènes	2 fr. —	3 fr. —
	Loges de côté	2 fr. —	3 fr. —
	Fauteuils d'amphithéâtre	4 fr. —	5 fr. —
	Amphithéâtre de face	2 fr. 50	3 fr. —
	— de côté	2 fr. —	2 fr. 50
5e	Loges	2 fr. —	3 fr. —

Les dames sont admises sans chapeaux aux fauteuils d'orchestre.
L'Opéra ne joue pas tous les soirs.

OPÉRA-COMIQUE

1450 places.

Administration : Rue Favart, 5.
Location : Rue Marivaux, de 10 à 7 heures.
Téléphone 105.76.

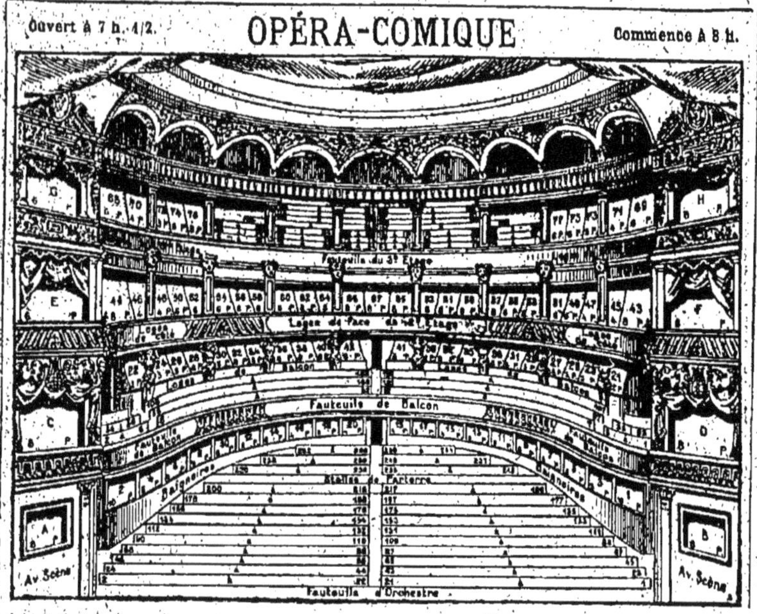

Prix des places.

	Location	Bureau	Populaires
Av.-scènes du r.-de-chaus. et balc.	15 fr.—	10 fr.—	4 fr.—
Baignoires	10 fr.—	8 fr.—	3 fr.50
Loges de balcon	12 fr.—	10 fr.—	4 fr.—
Fauteuils d'orchestre	10 fr.—	8 fr.—	3 fr.50
— de balcon 1er rang	12 fr.—	10 fr.—	4 fr.—
— — 2e —	10 fr.—	8 fr.—	3 fr.50
Avant-scènes du 2e étage	8 fr.—	6 fr.—	3 fr.—
Loges de face du 2e étage	8 fr.—	6 fr.—	3 fr.—
Loges de côté du 2e étage	6 fr.—	5 fr.—	2 fr.—
Avant-scènes du 3e étage	4 fr.—	3 fr.—	1 fr.50
Loges — —	4 fr.—	3 fr.—	1 fr.50
Fauteuils 1 rang	5 fr.—	4 fr.—	1 fr.50
Stalles —	3 fr.50	3 fr.—	1 fr.—
Stalles de paterre	3 fr.50	3 fr.—	2 fr.—
— d'amphithéâtre	1 fr.50	1 fr.50	0 fr.50

(1er bureau — 2me bureau)

PALAIS-ROYAL

850 places.
Administration : Rue Montpensier, 38.
Location de 10 à 7 heures.
Téléphone 102.50.

Prix des places.

	Bureau	Location
Avant scènes et 1er rangs des fauteuils première galerie	8 fr. —	10 fr. —
Premières loges de face et de côté	7 fr. —	9 fr. —
Fauteuils de première galerie et de balcon	7 fr. —	9 fr. —
Fauteuils d'orchestre	7 fr. —	9 fr. —
Baignoirs de côté	7 fr. —	9 fr. —
de face	7 fr. —	9 fr. —
Avant scène des deuxièmes	4 fr. —	5 fr. —
Deuxièmes loges de face	5 fr. —	6 fr. —
Fauteuils des deuxièmes de face	5 fr. —	6 fr. —
— de balcon des deuxième de côté	4 fr. —	5 fr. —
Loges de côté des deuxièmes	4 fr. —	5 fr. —
Avant scènes des troisièmes	2 fr. 50	3 fr. —
Stalles des troisièmes galeries	2 fr. 50	3 fr. —
Stalles d'orchestre	5 fr. —	6 fr. —

Les enfants paient place entière.
Les dames ne sont pas admises à l'orchestre.

PORTE SAINT-MARTIN

1500 places.
Administration : Rue de Bondy, 17.
Location de 11 à 7 heures.
Téléphone 266.97.

Prix des places.

	Bureau	Location
Avant scènes du rez-de-ch., 6 pl. et 1er étage	10 fr. —	12 fr. —
Baignoires	10 fr. —	12 fr. —
Premières loges	10 fr. —	12 fr. —
Fauteuils de 1er balcon, 1er rang	10 fr. —	12 fr. —
— autres rangs	8 fr. —	10 fr. —
Fauteuils d'orchestre	8 fr. —	10 fr. —
Deuxièmes loges de face	5 fr. —	6 fr. —
— — de côté	4 fr. —	5 fr. —
Fauteuils de 2me balcon, premier rang	5 fr. —	6 fr. —
Fauteuils de 2me balcon, autres rangs	4 fr. —	5 fr. —
Fauteuils de galerie, 1er rang	3 fr. —	3 fr. 50
— — autres rangs	2 fr. —	2 fr. 50
Stalles d'amphithéâtre, 1er rang	1 fr. 50	1 fr. 75
— — autres rangs	1 fr. 25	1 fr. 25
Amphithéâtre	1 fr. —	—

Les enfants paient place entière. Les dames sont admises à toutes les places.

THÉATRE LYRIQUE
DE LA
GALERIE VIVIENNE

Représentation des chefs-d'œuvre de la musique

ancienne.

Ouvert tous les soirs, à 8 heures et demie.

Matinées les dimanches, à 2 heures et demie.

Prix des places.

Fauteuils d'orchestre, première série	5 fr. —
— — deuxième —	3 fr. —
— — troisième —	2 fr. 50
— de balcon	2 fr. 50
Stalles de galerie	1 fr. —
Loges de 4 places.	20 fr. —

THÉÂTRE LYRIQUE DE LA RENAISSANCE
1200 places
Administration : Rue de Bondy, 19.
Location de 11 à 6 heures.
Téléphone 266.98.

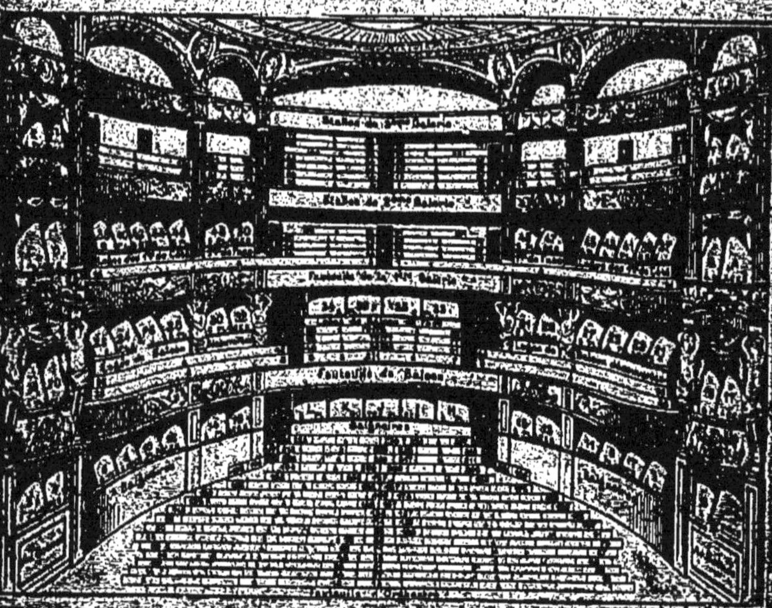

Prix des places

	Bureau	Location
Avant-scènes du rez-de-chaussée	15 fr.	
de balcon	15 fr.	
Loges de balcon	12 fr.	
Baignoires	12 fr.	
Fauteuils de balcon	12 fr.	
— autres rangs	10 fr.	
d'orchestre	10 fr.	
de 1re galerie, 1er rang	7 fr.	
autres rangs	6 fr.	
Loges de 1re galerie, entre-colonnes	7 fr.	
de côté	5 fr.	
Avant-scènes de la 2e galerie	2 fr.	
Stalles de 2e galerie	2 fr.	
Troisième galerie	1 fr.	

THÉATRE SARAH-BERNHARDT

1600 places.

Administration : Place du Châtelet.

Location de 10 à 7 heures.

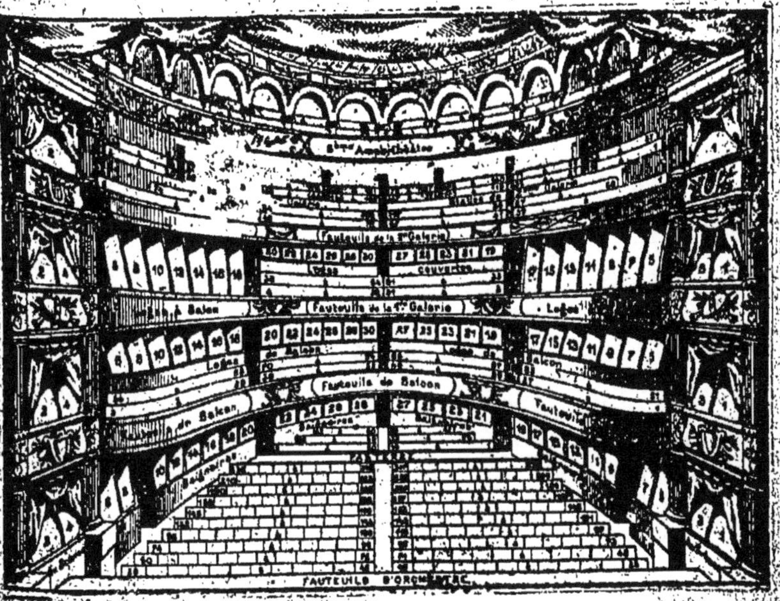

Prix des places.

	Bureau	Location
Avant-scènes du rez-de-chaussée	15 fr. —	En location, même prix qu'au bureau le soir.
— du balcon	15 fr. —	
Loges	12 fr. —	
Baignoires	12 fr. —	
Fauteuils de balcon	12 fr. —	
— d'orchestre	10 fr. —	
— de 1re galerie	8 fr. —	
Loges de 1re galerie salon	7 fr. —	
— — couvertes	7 fr. —	
Fauteuils de 2me galerie	5 fr. —	
Avant-scènes	4 fr. —	
Stalles de parterre	3 fr. 50	
— de 2me galerie	2 fr. 50	
— du anphithéâtre	1 fr. —	

VARIÉTÉS

1250 places
Administration : Galerie des Variétés.
Location de 10 heures du matin à 11 heures du soir.
Téléphone 109.92

Prix des places

	Bureau	Location
Avant-scènes des premières et du rez-de-chaussée (5 places)	60 fr.	60 fr.
Baignoires de 5 places	8 fr.	50 fr.
Baignoires de 4 places	8 fr.	40 fr.
Premières loges de 6 places	8 fr.	60 fr.
Premières loges de 4 places	8 fr.	40 fr.
Fauteuils d'orchestre 1er rang	10 fr.	10 fr.
— — autres rangs	7 fr.	9 fr.
— de balcon 1er rang	10 fr.	10 fr.
— — 2me —	7 fr.	9 fr.
Loges des troisièmes (4 places)	16 fr.	16 fr.
Fauteuils de foyer, 1er rang	5 fr.	6 fr.
— — 2me —	4 fr.	5 fr.
Stalles de 2me galerie, 1er rang	4 fr.	4 fr.
— autres rangs	3 fr.	3 fr. 50
Amphithéâtre	1 fr.	

Les enfants paient place entière. Les dimanches et jours de fête les dames sont admises à tous les rangs de fauteuils d'orchestre.

ATHÉNÉE

Administration : Rue Boudreau, square de l'Opéra.

Location de midi à 6 heures.

Prix des places.

	Bureau	Location
Avant-scènes du rez-de-chaussée.	10 fr. —	12 fr. —
— de balcon	10 fr. —	12 fr. —
Baignoires.	7 fr. —	8 fr. —
Loges de balcon	7 fr. —	8 fr. —
Fauteuils d'orchestre	6 fr. —	7 fr. —
— de balcon, 1er rang . .	7 fr. —	8 fr. —
— — autres rangs	6 fr. —	7 fr. —
— de 1re galerie, 1er rang	4 fr. —	5 fr. —
— — autres rangs	3 fr. —	4 fr. —
Avant-scènes — 1er rang . . .	4 fr. —	5 fr. —
Loges —	3 fr. —	4 fr. —
Avant-scènes de 2e galerie. . . .	2 fr. —	2 fr. 50
Stalles — 1er rang.	2 fr. —	2 fr. 50
— — autres rangs	1 fr. 50	2 fr. —

CHATELET

3600 places.

Administration : Rue des Lavandières-St-Opportune, 2.

Location de 11 à 6 heures.

Prix des places.

		Bureau	Location
1er bureau	Loges à salon (8 places) . . .	56 fr. —	72 fr. —
	Loges de balcon (6 places) . .	42 fr. —	54 fr. —
	Baignoires (4 places)	28 fr. —	36 fr. —
	Fauteuils de balcon 1er rang.	8 fr. —	10 fr. —
	— — autr, rangs	7 fr. —	9 fr. —
	— d'orchestre 1re série.	7 fr. —	9 fr. —
	— — 2e série :	6 fr. —	7 fr. —
2e bureau	Fauteuils de galerie.	5 fr. —	6 fr. —
	Stalles de parterre	3 fr. —	4 fr. —
	1er amphithéâtre	3 fr. —	4 fr. —
	2e —	2 fr. 50	— —
	3e —	1 fr. 50	— —

Les loges se louent entières. Les enfants paient place entière. Les dames sont admises à toutes les places. En été il y a une réduction sur le prix des places.

Matinées les jeudis et jours de fêtes.

DÉJAZET

Administration : Rue Béranger, 14.

Location de midi à 6 heures.

Prix des places.

Avant-scènes du rez-de-chaussée	40 fr. —
— de balcon	36 fr. —
Baignoires d'avant-scènes	30 fr. —
Loges de face	25, 30, 35 fr. —
Loges de côté	16, 20 fr. —
Fauteuils d'orchestre avancés	5 fr. —
— — 1re série	3 fr. —
— — 2e série	2 fr. 50
— de balcon 1er rang	3 fr. 50
— — 2e et 3e rang	3 fr. —
Stalles d'orchestre	1 fr. 50
Fauteuils de galerie	1 fr. 50
Avant-scènes de galerie	1 fr. 50
Stalles de galerie	1 fr. —
Amphithéâtre	0 fr. 50

Matinées dimanches et fêtes à 1 h. 3/4.

Des cartes d'abonnement, délivrées gratuitement sur simple demande, donnent droit à une réduction de 50 % à toutes les places.

FOLIES-DRAMATIQUES

1600 places.

Administration : Rue du Château-d'Eau, 9.

Location de 11 à 6 heures.

Téléphone 256.67.

Prix des places.

	Bureau	Location
Avant-scénes du r.-de-ch. (5 pl.)	10 fr. —	10 fr. —
— de balcon (5 places).	10 fr. —	10 fr. —
Fauteuils d'orchestre	6 fr. —	7 fr. —
Stalles d'orchestre (les 5 1er rangs).	3 fr. —	3 fr. 50
— — autres rangs. .	2 fr. 50	2 fr. 50
Loges de balcon de face (6 places).	10 fr. —	10 fr. —
Loges de côté (4 places)	5 fr. —	5 fr. —
Avant-scénes des premières . . .	10 fr. —	10 fr. —
Fauteuils de 1re galerie (1er rang).	6 fr. —	7 fr. —
— — autres rangs	5 fr. —	6 fr. —
— de balcon, 1er rang . .	6 fr. —	7 fr. —
— — 2e rang. . .	5 fr. —	6 fr. —
Stalles de galeries.	2 fr. 50	2 fr. 50
Avant-scènes des troisièmes . . .	1 fr. 50	1 fr. 50
Deuxième galerie.	1 fr. 50	1 fr. 50
Avant-scènes des quatrièmes. . .	0 fr. 75	0 fr. 75
Amphithéâtre.	0 fr. 50	0 fr. 50

Les enfants paient place entière. Les dames sont admises à toutes les places.

THÉATRE-ANTOINE

Administration : Boulevard de Strasbourg, 16.
Location de 10 à 6 heures.
Téléphone 226.64.

Prix des places.

	Bureau	Location
Avant-scène du rez-de-chaussée	8 fr. —	Les locations se font sans augmentation de prix.
— de balcon	8 fr. —	
Loges de balcon	7 fr. —	
Baignoires	6 fr. —	
Fauteuils de balcon 1er rang	5 fr. —	
— et d'orchestre	4 fr. —	
Parterre	2 h. —	
Avant-scène de 2me étage	3 fr. 50	
Fauteuils de foyer 1er rang	3 fr. 25	
— autres rangs	2 fr. —	
Tout le 3me étage	1 fr. 50	

Abonnements mensuels pour huit spectacles dans la saison, fauteuils d'orchestre et de balcon, 30 francs.

THÉATRE DE LA RÉPUBLIQUE

Administration : Rue de Malte, 50.
Location de 11 à 6 heures.
Téléphone 262.17.

Prix des places.

	Bureau	Location
Avant-scènes du rez-de-chaussée	6 fr. —	7 fr. —
— de balcon	6 fr. —	7 fr. —
Loges de balcon de face	4 fr. —	5 fr. —
Balcons de face	3 fr. —	4 fr. —
Fauteuils d'orchestre, 1re série	3 fr. —	4 fr. —
— 2me —	2 fr. —	2 fr. 50
— de balcon de côté	2 fr. —	2 fr. 50
Avant-scènes de foyer	2 fr. —	2 fr. 50
Fauteuils de foyer	1 fr. 50	—
Avant-scènes de galerie	1 fr. 25	—
Deuxièmes galerie	1 fr. —	—
Troisième —	0 fr. 50	—

THÉÂTRES DE QUARTIERS

Outre les grands théâtres que nous venons de signaler, il existe encore, dans Paris, quelques salles qui étaient, avant l'annextion de 1860, des théâtres de banlieue. Ces petits théâtres ont conservé à peu près tous leur caractère et leur clientèle de quartier : petits bourgeois, employés, ouvriers et ouvrières.

Parfois on y rencontre quelques artistes méritants à la recherche de la gloire, et souvent on y voit le spectacle ailleurs que sur la scène.

Voici la liste de ces théâtres :

THÉATRE DES BATIGNOLLES
Boulevard des Batignolles, 78.

	Semaine	Matinée		Semaine	Matinée
Avant-scènes de 1res	3 fr. —	2 fr. 50	Stalles d'orchestre	1 fr. 50	1 fr. 25
— rez-de-ch.	3 fr. —	2 fr. 50	— de balcon	1 fr. 50	1 fr. —
Fauteuils 1er rang	2 fr. 25	1 fr. 75	Pourtour.	1 fr. 25	1 fr. —
— autres rangs	2 fr. —	1 fr. 75	2e galerie de face .	1 fr. 25	0 fr. 80
Loges	2 fr. —	1 fr. 75	— de côté .	1 fr. —	0 fr. 60
Baignoires	1 fr. 50	1 fr. —	3e galerie	0 fr. 75	0 fr. 50

Les enfants paient place entière.

THÉATRE DE BELLEVILLE
Rue de Belleville, 46.

1er bureau

Avant-scènes rez-de-chaussée.	
— 1er étage . . .	} 2 fr. 50
Baignoires d'avant-scènes . .	
Loges de balcon du 1er étage.	} 2 fr. —
Baignoires découvertes . . .	
Avant-scènes de galerie 2e étage	
Fauteuils de balcon.	} 1 fr. 50
— d'orchestre. . . .	
Stalles —	1 fr. 25

2me bureau

Stalles de balcon 1er étage.	1 fr. —
— galerie 2e —	1 fr. —
Parterre	0 fr. 75
Galerie de 2e étage	0 fr. 75
Stalles d'amphithéâtre . . .	0 fr. 75
Amphithéâtre 3e étage . . .	0 fr. 50

Les enfants paient place entière.

THÉATRE DES BOUFFES DU NORD
Faubourg St-Denis, 209.

1er bureau		2me bureau	
Loges de balcon. . . .	4 fr. —	Fauteuils 2e gal. 1er rang.	1 fr. 50
Baignoires rez-de-chaus.	3 fr. —	— — autr. rangs	1 fr. 25
Fauteuils de balcon. . .	2 fr. 50	Parterre.	1 fr. —
— d'orchestre . .	2 fr. 50	Stalles de 2e galerie . . .	0 fr. 75
— — (avancés)	2 fr. —	Troisième galerie	0 fr. 50
Stalles de Balcon	1 fr. 50		

THÉATRE DES GOBELINS
Avenue des Gobelins, 73.

Avant-scènes	2 fr. —	Stalles de 1re galerie. . .	1 fr. —
— 2e galerie .	1 fr. 25	— d'orchestre. . . .	0 fr. 75
Loges	1 fr. 50	Parterre.	0 fr. 60
Fauteuils de 1re galerie .	1 fr. 25	Amphithéâtre	0 fr. 50
— d'orchestre . . .	1 fr. 25	Location 25 c. par place.	

Dimanches et fêtes, 25 centimes en plus à toutes les places.

THÉATRE DE GRENELLE

Rue Croix-Nivert, 55.

Avant-scènes rez-de-ch.	2 fr. —	Fauteuils de 1re galerie .	1 fr. 25
— 1re galerie.	1 fr. 50	Stalles d'orchestre. . . .	1 fr. —
— 2e —	1 fr. —	— de 2e galerie . .	0 fr. 75
Loges	1 fr. 50	Parterre	0 fr. 75
Fauteuils de b. 1con. .	1 fr. 50	Deuxième galerie. . . .	0 fr. 60
— d'orchestre . .	1 fr. 25	Troisième galerie	0 fr. 60

Dimanche et fêtes, 25 centimes en plus à toutes les places.

Location, 25 centimes par place.

THÉATRE-MONTMARTRE

Rue d'Orsel, 45.

	Semaine	Dimanche	Location		Semaine	Dimanche	Location
Avant-scènes	2 fr. 50	3 fr. —	3 fr. 25	Baignoires .	1 fr. —	1 fr. 25	1 fr. 50
Loges de face	1 fr. 50	2 fr. —	2 fr. 25	Stal. d'orch.	1 fr. —	1 fr. 50	1 fr. 75
Balc. de face	1 fr. 50	2 fr. —	2 fr. 25	Av.-scènes 2e	1 fr. —	1 fr. 25	1 fr. 75
Faut. d'orch.	1 fr. 50	2 fr. —	2 fr. 25	2e galerie .	0 fr. 75	1 fr. —	1 fr. 10
Loges de côté	1 fr. —	1 fr. 25	1 fr. 50	Amphithéâtre	0 fr. 50	0 fr. 75	—
Balc. de côté	1 fr. 25	1 fr. 50	1 fr. 75	Les enfants paient place entière.			

THÉATRE-MONTPARNASSE
Rue de la Gaîté, 31.

	Semaine	Dimanche		Semaine	Dimanche
Av.-scènes 1er rang .	2 fr. 50	2 fr. 75	Stalles d'orchestre .	1 fr. —	1 fr. 25
— 2e rang .	2 fr. —	2 fr. 25	— de 1re galerie	1 fr. —	1 fr. 25
Loges	1 fr. 75	2 fr. —	— de 2e —	0 fr. 75	1 f. —
Fauteuils de balcon .	1 fr. 50	1 fr. 75	Parterre	0 fr. 60	0 fr. 80
— d'orchestre	1 fr. 25	1 fr. 50	2e galerie de face. .	0 fr. 60	0 fr. 80
— 1re galerie.	1 fr. 25	1 fr. 50	— de côté .	0 fr. 50	0 fr. 60
— 2e —	1 fr. —	1 fr. 25	Amphithéâtre . . .	0 fr. 40	0 fr. 50

Location, 25 centimes en plus à toutes les places.

THÉATRE DES TERNES
Avenue des Ternes, 5.

Devenu « Paris-Concert ». — (Voir aux Concerts).

THÉATRE MAGUÉRA (ancien théâtre Moncey).
Rue Pierre-Ginier, 5. (Avenue de Clichy).

PETITS THÉATRES MONDAINS

Depuis une douzaine d'années, il s'est formé toute une génération de littérateurs de grand talent qui a donné et donne encore lieu à la création de scènes minuscules destinées à faire connaître ces jeunes auteurs impatients de se voir jouer, ou dont les œuvres originales, hardies ou osées ne seraient pas acceptées sur les scènes existantes. On y blague spirituellement les contemporains et surtout le gouvernement, et sur certaines scènes on joue des pièces que nos petits neveux proclameront probablement des chefs-d'œuvre.

C'est ainsi que fut fondé tout d'abord le « Théâtre Libre » par Antoine, devenu régulier, puis « L'Œuvre » de Lugné-Poë, puis quantité d'autres offrant un certain intérêt, dont plusieurs éphémères et quelques-uns disparus.

Plusieurs de ces petits théâtres « à côté » ont fait ainsi connaître diverses œuvres remarquables qui ont, depuis, forcé les portes des grandes scènes et mis en relief leurs auteurs. Ils sont fréquentés surtout par des amateurs de lettres et des amateurs de choses libres, par des artistes et des snobs, par des bas-bleus et des demi-mondaines, etc. En un mot, l'ensemble de cette clientèle se compose d'un monde un peu spécial et assez curieux à observer.

LA BODINIÈRE

(Théâtre d'application). Rue Saint-Lazare, 18.

C'est là que ce besoin de frivolité, d'art, de chic, d'idéal pur qui font l'âme parisienne si complexe, si mobile et si intéressante trouve le mieux à se satisfaire.

Tous les jours, à 3 heures, matinée par nos conférenciers et littérateurs les plus distingués.

Tous les jours, à 4 h. 1/2, conférence avec auditions de comédies, opérettes, revues.

Tous les soirs à 8 h. 1/2, spectacles : Comédies, Vaudevilles, etc., etc.

Abonnements : Un fauteuil réservé aux 30 conférences du mercredi et un fauteuil à toutes les représentations inédites du soir : 100 francs.

Les fauteuils des deux premiers rangs de la galerie sont donnés à l'abonnement à 50 francs.

Prix des places au bureau : Loges et fauteuils, 5 fr.,
Galeries, 3 francs.

N. B. — Pendant l'Exposition, la Bodinière a transporté ses représentations dans la salle des fêtes de l'Auberge des Nations, au Vieux-Paris.

LES CAPUCINES

Boulevard des Capucines, 39.

Tous les soirs à 8 h. 1/2 spectacle varié avec des
pièces des auteurs nouveaux.

Prix des fauteuils : 4 et 6 francs (mêmes prix en
location).

Matinées les dimanches, jeudis et fêtes à 2 h. 1/2.

Magie, illusions, prestidigitation.

Prix des fauteuils : 2, 3, 4 et 5 francs.

LE GRAND GUIGNOL

Théâtre-Salon sous la direction de M. Oscar Méténier.

Rue Chaptal, 20.

Est un des rendez-vous les plus élégants et les plus
parisiens. Son répertoire d'avant-garde, souvent auda-
cieux, est toujours artistique et littéraire et composé
d'œuvres dues aux auteurs les plus applaudis, et l'in-
terprétation est irréprochable. — Scènes inédites.

Stalles	3 fr. —	Loges de 4 places . . .	28 fr. —
Fauteuils 1re série . . .	7 fr. —	— 5 — . . .	35 fr. —
— 2e — . . .	5 fr. —	— 6 — . . .	42 fr. —

Abonnement à 8 soirées inédites et à une entrée hebdomadaire pour une personne, 100 francs.

Le *Grand Guignol* a installé une scène, au Cours la Reine pour la durée de l'Exposition. (Voir les attractions du chapitre Exposition).

LES MATHURINS

Rue des Mathurins, 36.

Confortablement installé, ce petit théâtre mondain produit des œuvres de jeunes auteurs sous la direction de Mlle Marguerite Deval.

Tous les jours, à 3 h. et à 4 h. 1/2, matinées avec causerie, auditions musicales, comédies, revues, projections lumineuses, etc. Prix unique des places : 6 francs.

Tous les soirs à 9 h. 1/2 on y entend des revues, opérettes, pièces en un acte et des chansonniers comiques.

Fauteuils	5 fr. —	En location	6 fr. —
Loges	24 fr. —	—	30 fr. —
Baignoires et loges couvertes	32, 40 et 48	—	40, 50 et 60

LA ROULOTTE

Rue de Douai, 42. Téléphone 265,27.

Cet établissement est sous la direction du chansonnier Georges Charton qui y créa les chansons animées. Outre les chansonniers-poètes Jacques Ferny, L. Fallens, etc. On voit à la Roulotte des petites pièces, revues, etc., etc.

Ouvert d'octobre en mai à 9 h. 1/2.

Avant-scènes (5 places) A.	35 fr. —	Loges (4 places) D.	30 fr. —
Loges (6 places) B.	42 fr. —	— (3 places) E.	20 fr. —
— (5 places) C.	35 fr. —	Fauteuils Sarcey.	5 fr. —
		— de santé.	4 fr. —

La Roulotte a installé une scène dans l'enceinte de l'Exposition, au Cours de la Reine. (Voir détails au chapitre de l'Exposition.)

THÉÂTRE LIBRE

M. Larochelle, directeur du Théâtre Montparnasse, a acquis le Théâtre libre de M. Antoine lorsque celui-ci prit la direction de l'Odéon. Les représentations isolées de ce théâtre ont lieu au Nouveau Théâtre et sont annoncées en temps opportun dans les journaux.

THÉÂTRE RÉALISTE

Fondé et dirigé par M. de Chirac, acteur et auteur de la plupart des pièces ultra-réalistes jouées à ce théâtre. Malgré les poursuites exercées contre lui, M. de Chirac n'en continue pas moins ce qu'il considère comme un apostolat. Après avoir donné ses représentations dans diverses petites salles, le Théâtre Réaliste parut s'installer définitivement aux boulevards (passage de l'Opéra) mais il ne fit qu'y passer. Il continue sa vie nomade, et les journaux annoncent de temps à autres ses représentations fréquentées par un public tout spécial.

THÉATRE TIERCY

Cité d'Antin, 29

Opérettes, Revues, Chansonnettes.

Tous les soirs à 9 heures.

Fauteuils, 2 fr. — Fauteuils réservés, 3 fr.

Loges, la place, 5 fr.

THÉATRE DE LA TOUR EIFFEL

Au Champ de Mars, ouvert de mai à octobre, tous les soirs, de 9 à 11 heures.

Donne de petites revues, opérettes et chansonnettes.

Prix des Fauteuils : 3 et 5 francs.

TRÉTEAU DE TABARIN

Rue Pigalle, 58. Téléphone 136,42

Les meilleurs chansonniers-poètes de Montmartre produisent eux-mêmes leurs œuvres à ce petit théâtre qui donne de petites pièces et revues de jeunes auteurs.

La salle est minuscule, mais le jardin converti en jolie serre, élégamment vitrée et tapissée de fin caillou est un délicieux foyer.

Ouvert à 9 heures 1/2.

	Bureau	Location		Bureau	Location
Fauteuils.	5 fr. —	6 fr. —	Avant-scènes (5 pl.) à	7 fr. —	8 fr. —
Loges (4 places) à . .	6 fr. —	7 fr. —	Baignoires (6 pl.) à	8 fr. —	9 fr. —

MUSIC-HALLS

Ces établissements tiennent à la fois du théâtre, du café-concert, du cirque et de bien d'autres chose...

Le spectacle, comme le public qui s'y rend, est des plus varié.

Tout ce qui est nouveau en chansons, en exercices d'adresse ou d'acrobatie, en danses, ballets, poses plastiques et projections lumineuses est produit dans ces music-halls où l'on peut fumer et se promener en toute liberté.

Tous situés sur les boulevards ou à proximité, il n'est pas un viveur parisien qui ne se rende chaque jour à l'un d'eux, certain de jouir du plaisir des yeux à la fois sur la scène et dans la salle, et d'y rencontrer de fort jolies femmes généralement communicatives et peu farouches, d'entendre le babillage de leurs propos joyeux et le froufrou de leurs jupes.

Des matinées sont données dans chacun d'eux les dimanches et fêtes à 2 heures, mais les spectacles de ces matinées, composés pour les familles, diffèrent quelque peu de ceux du soir.

CASINO DE PARIS

Rue de Clichy, 46, et rue Blanche, 15.

Téléphone 154,44.

Ce casino donne des ballets, pantomimes, chants, acrobaties et attractions de tout genre. Le premier, il a organisé à Paris les championnats de luttes qui ont un si grand succès depuis deux années. Tous les ans, à l'occasion de Noël, du Mardi-gras et de la Mi-Carême, ses redoutes costumées pour enfants sont très courues.

Ce coquet établissement est ouvert chaque soir à 8 heures.

Lundi, mardi, jeudi, vendredi et dimanche, entrée : 2 francs.

Mercredi et samedi, grande fête, entrée : 3 francs.

Matinées, dimanches et fêtes, entrée : 1 franc.

FOLIES-BERGÈRE

Rue Richer, 32. — Téléphone 102,59.

Tous les soirs, ballets, pantomimes, excentricités, gymnastique.

	Bureau	Location		Bureau	Location
Avant-scènes du rez-ch.	40 fr. —	50 fr. —	Loges de balcon de côté	16 fr. —	20 fr. —
Loges rez-de-ch. C et D	40 fr. —	50 fr. —	Faut. d'orch. 5 premiers	5 fr. —	6 fr. —
Avant-scènes de galeries	40 fr. —	50 fr. —	— — autres. .	4 fr. —	5 fr. —
Loges de galeries A et B	40 fr. —	50 fr. —	— — de galerie	3 fr. —	3 fr. 50
— de rez-de-chaus.	30 fr. —	40 fr. —	Stalles d'orchestre . .	3 fr. —	3 fr. 50
— de balcon de face	20 fr. —	24 fr. —	Promenoir	2 fr. —	—

C'est le vaste exutoire où les viveurs de toutes les nations se coudoient avec les dames du pays de Cythère. C'est là que les bergers galants font des folies pour des bergères beaucoup moins vertueuses que celles de M. de Florian, c'est le paradis infernal dont les prudes provinciales ne parlent qu'avec terreur.... Lorsqu'un honnête bourgeois est appelé à Paris pour ses affaires, sa femme, à son départ, lui dit à l'oreille : « Surtout, mon ami, ne va pas aux Folies-Bergère, il paraît qu'il y a là des créatures qui se chargent de ruiner des millionnaires en six semaines. » Et, de fait, c'est un véritable Eden avec, jusqu'en le moindre coin, des miroitements de glaces, des étincellements de lumière et, parmi les verdures des palmiers, parmi les fleurs semées à profusion dans le jardin, de très nombreuses jolies femmes.

OLYMPIA

Boulevard des Capucines, 28. — Téléphone 244,68.

Ballets, pantomimes, excentricités, acrobatie.

	Bureau	Location		Bureau	Location
Avant-scènes	10 fr. —	12 fr. —	Faut. de balc. autr. rang	3 fr. —	4 fr. —
Loges rez-de-chaussée.	7 fr. —	8 fr. --	— de face. .	3 f. —	4 fr. —
— de balcon . . .	5 fr. —	6 fr. —	— de galerie.	2 fr. 50	3 fr. 50
Faut. d'orch. 8 prem.	6 fr. —	6 fr. —	Stalles de galerie. . .	1 fr. 50	—
— — autres .	5 fr. —	6 fr. —	Promenoir	2 fr. —	—
Stalles d'orchestre . .	4 fr. —	5 fr. —	Amphithéâtre	1 fr. —	—
Faut. balc. 1re et côté.	4 fr. —	5 fr. —	— dim. et fêtes	1 fr. 50	—

Sa situation au point le plus fréquenté du boulevard fait de l'Olympia l'un des établissements publics recevant le plus de visiteurs. En outre, les luxueux ballets dans lesquels figurent en de charmants déshabillé, les demi-mondaines les mieux cotées, lui assurent un succès durable.

PARISIANA

Boulevard Poissonnière, 27.

Depuis la direction de MM. Isola frères, cet établissement s'est classé parmi les premiers de ce genre. Situé en pleins boulevards, Parisiana est devenu le rendez-vous de prédilection du tout-Paris de la grande vie, du monde élégant, des nobles étrangers et des plus jolies mondaines. La revue y fleurit principalement et le luxe que l'on déploie et les interprètes qu'on y accumule y assurent toujours le succès.

Le prix des places varie depuis 2 francs le promenoir jusqu'à 6 francs les fauteuils d'orchestre et même 10 francs pour les avant-scènes.

FOLIES-MARIGNY

Champs-Elysées, côté droit. — Téléphone 101,89.

Ouvert de mai à octobre.

Grands ballets, pantomimes, acrobates, chanteuses de genre. — Soirées de gala coïncidant avec les fêtes sportives.

Matinées les dimanches et jours fériés.

Avant-scènes	40 fr. —	Fauteuils	5 fr. —
Loges du rez-de-chaussée	28 fr. —	Promenoir	3 fr. —

C'est le rendez-vous du high life. Aussi, jouit-on d'un agréable coup d'œil au défilé des équipages et des claires toilettes aux heures d'ouverture de ce magnifique établissement.

CAFÉS
CONCERTS

CAFÉS-CONCERTS

Ces établissements sont nombreux et de genres très
variés, dans lesquels l'art n'a souvent rien à voir, et
dans la plupart les consommations et les chants sont
de qualité secondaire.

L'entrée libre annoncée à la porte de certains n'est

qu'une ruse pour attirer le public, car on est obligé de prendre au moins une consommation qui coûte, selon la place, de 0.50 à 5 francs et qui est le plus souvent médiocre.

Les principaux, situés dans le centre de Paris, rivalisent de luxe et de publicité, et se disputent chanteuses et chanteurs les plus populaires pour piquer la curiosité des oisifs par quelques chansons pimentées.

On y joue de petites revues dans lesquelles le personnel féminin est généralement nombreux et dans des costumes tellement réduits que les yeux constatent facilement et agréablement le bon choix fait des interprètes.

Les établissement des Champs-Elysées jouissent, dans la belle saison, d'une vogue qu'explique suffisamment leur situation dans le plus beau quartier de Paris et en plein air.

En tout cas, quelque soit le degré de luxe que l'on recherche dans les cafés-concerts, on est toujours sûr de rencontrer dans chacun d'eux un public jovial, gai, rieur et de bonne compagnie.

La vogue toujours croissante de ces établissements a fait prendre à la chanson un tour nouveau et le succès va surtout aux scies et aux productions égrillardes.

ALCAZAR D'ÉTÉ

Champs-Elysées (côté droit).

Ouvert à 8 heures, de mai à septembre.

Acrobatie, exhibitions, chansons, opérettes, revues.

Prix : Premières, 4 fr., secondes, 3 fr., troisièmes, 1 fr. 50.

Un restaurant à prix très modérés (bouillon riche) est adjoint à l'établissement et a vue sur la scène.

AMBASSADEURS

Champs-Elysées (côté droit).

Ouvert à 8 heures, d'avril à septembre.

Chansons, duos, opérettes, revues.

Loges : 5 fr., fauteuils de face, 4 fr., fauteuils de côté, 3 fr., secondes, 1 fr. 50.

Dans l'établissement est installé un restaurant de premier ordre avec terrasse donnant vue sur le jardin et sur la scène.

ATHÉNÉE SAINT-GERMAIN

Rue du Vieux-Colombier.

Opéra comique, opérette, comédie, revue.

Tous les soirs, excepté le lundi.

Prix : Fauteuils d'orchestre, 4 fr. ; stalles, 3 fr. ; parquet, 1 fr. 50. — Location sans augmentation de prix. Bureau de location ouvert de midi à 6 heures.

Dimanches et fêtes. matinées pour les familles. Prix : Fauteuils, 2 fr. ; stalles de parquet, 1 fr.

BATACLAN

Boulevard Voltaire, 50.

Ouvert tous les soirs, à 8 heures.

Théâtre-concert, opérettes, vaudevilles.

	Semaine	Dimanche		Semaine	Dimanche
Avant-scènes rez-chaus.	2 fr. 50	3 fr. —	Balcon	1 fr. 50	2 fr. —
Loges	2 fr. —	2 fr. 50	Promenoir	1 fr. —	1 fr. 50
Fauteuils 1ʳᵉ série . .	2 fr. —	2 fr. 50	Stalles	1 fr. —	1 fr. 50
— 2ᵉ série . .	1 fr. 50	2 fr. —	2ᵉ galerie	0 fr. 50	1 fr. —

Location, 50 centimes en plus par place.

BIJOU-CONCERT

Faubourg-du-Temple, 37.

Ouvert tous les soirs, à 8 h. 1/2.

	Semaine et Matinée	Dimanches et Fêtes
Loges	1 fr. 50	2 fr. —
Fauteuils réservés	1 fr. —	1 fr. 50
— ordinaires	0 fr. 75	1 fr. —
Stalles	0 fr. 50	0 fr. 75

La consommation est comprise dans ces prix.

BOBINO

Rue de la Gaîté, 20.

	Semaine	Dimanches et Fêtes
Loges, av.-scènes, fauteuils réserv.	1 fr. —	1 fr. 50
Fauteuils de loges	1 fr. —	1 fr. 25
Fauteuils d'orchestre et de balcon.	0 fr. 75	1 fr. 25
Pourtour et stalles de balcon . .	0 fr. 50	0 fr. 75

La consommation est comprise dans ces prix.

Pendant la saison d'été, tous les soirs concert dans le jardin, couvert en cas de pluie. Matinées dimanches et fêtes, à 2 heures.

CAFÉ DU CERCLE

Boulevard Saint-Germain, 119.

Ouvert tous les soirs, à 8 h. 1/2.

Soirées littéraires et artistiques, chansonnettes, romances, monologues et poésies interprétées par les auteurs.

Entrée libre. Consommation 50 centimes.

LE CARILLON

Rue de la Tour-d'Auvergne, 43. Téléphone 256,43.

Ouvert tous les soirs, à 9 h. 1/2.

Chansonniers, tribunal du Carillon, saynètes, revues. Fauteuils à 3 francs.

Salle de spectacle l'hiver au premier étage et l'été dans le jardin couvert.

CASINO DE GRENELLE

Rue Fondary, 48.

Ouvert tous les soirs à 8 heures.

Entrée libre. Prix des places en consommations à 50 centimes.

LA CIGALE

Boulevard Rochechouart, 120.

Concert-spectacle tous les soirs, à 8 h. 1/2.

Rez-chaussée	Semaine	Dimanche Matinée	Soirée	Balcon	Semaine	Dimanche Matinée	Soirée
Avant-scènes	5 fr. —	4 fr. —	5 fr. —	Avant-scènes	3 fr. 50	3 fr. —	3 fr. 50
Loges . . .	4 fr. —	3 fr. —	4 fr. —	Loges . . .	2 fr. —	2 fr. 50	2 fr. 50
Faut. réserv	3 fr. —	2 fr. 50	3 fr. —	Faut. 1er rang	2 fr. —	2 fr. —	2 fr. 50
- d'orches	2 fr. —	1 fr. 50	2 fr. 25	- autres rang	1 fr. 50	1 fr. 50	2 fr. —
Stalles. . .	1 fr. —	1 fr. —	1 fr. 50	Stal. de gal.	0 fr. 75	0 fr. 75	1 fr. 25

CONCERT APOLLON

4, rue Fontaine.

Tous les jours, à 5 heures, apéritif-concert, et tous les soirs, spectacle varié à 8 h. et demie.

Prix des consommations.

CONCERT DES ARTS

Rue d'Arras, 3.

Ouvert tous les soirs, à 8 heures.

Dimanches et fêtes, matinée à 2 h. 1/2.

Loges, 1 fr., fauteuils, 75 cent., pourtour, 60 cent., galerie, 50 centimes. — Consommation comprise.

CONCERT DES BATEAUX PARISIENS

Quai d'Auteuil, 160.

Ouvert tous les soirs à 8 h. 1/2. — Matinées à 2 h.

Fauteuils d'orchestre, 1 fr., fauteuils, 75 cent., Pourtour, 60 centimes. — Consommation comprise.

CONCERT BÉRANGER

Rue du Temple, 157.

Tous les soirs, à 8 h. 1/2, spectacle-concert, attractions, opérettes, etc., etc.

Entrée libre. Prix : 75 c., consommation comprise.

CONCERT DU COMMERCE

Faubourg-du-Temple, 94.

Ouvert tous les soirs, à 8 h. 1/2.

Dimanches et fêtes, matinées à 2 h. 1/2.

Orchestre et balcon, 75 cent., galerie et parterre, 50 cent., stalles, 25 centimes.

CONCERT DE l'EPOQUE

Boulevard Beaumarchais, 10.

Ouvert tous les soirs à 8 heures.

Dimanches et fêtes, matinées à 2 heures.

	Semaine et matinée	Dimanches et fêtes
Pourtour	0 fr. 60	0 f. . 90
Stalles	0 fr. 90	1 fr. 25
Fauteuils	1 fr. 25	1 fr. 75
Loges	1 fr. 75	2 fr. 25

CONCERT EUROPÉEN

Rue Biot, 5 (place Clichy).

Tous les soirs, à 8 heures, spectacle, concert, vaudevilles, opérettes, revues, attractions, etc., etc.

Loges	2 fr. 50	Fauteuils de galerie. .	1 fr. —
Fauteuils d'orchestre .	1 fr. 75	Galerie	0 fr. 50

CONCERT DES FANTAISIES NOUVELLES

Boulevard de Strasbourg, 32.

Tous les soirs, à 8 heures, spectacle-concert.

Semaine et matinée				Dim. et fêtes (soirée)			
Stalles . .	0 fr. 75	Galerie .	0 fr. 50	Stalles . .	1 fr. —	Galerie .	1 fr. —
Fauteuils.	1 fr. 25	Balcon .	1 fr. —	Fauteuils.	1 fr. 50	Balcon .	1 fr. 50
Loges . .	1 fr. 50	Loges . .	1 fr. 50	Loges . .	2 fr. —	Loges . .	2 fr. —

CONCERT HAMEL

Avenue Wagram, 47.

Tous les soirs, à 8 h. 1/2. Dimanches et fêtes, matinée à 2 h. 1/2.

Stalles et promenoirs 50 cent. Loges et fauteuils
75 centimes, consommation comprise.

CONCERT DE L'HORLOGE

Faubourg-Montmartre, 23.

Tous les soirs de 9 h. à 11 h. 1/2.

Prix d'entrée : 50 cent. donnant droit à une consommation. Dimanches et fêtes 75 cent., donnant droit à
une consommation après le concert.

CONCERT DU LIBRE-ÉCHANGE

Avenue de Clichy, 129.

Tous les soirs, à 8 h. 1/2.

Entrée 50 centimes, consommation comprise.

CONCERT PARISIEN

Faubourg-Saint-Denis, 37.

Spectacle-concert tous les soirs, à 8 h. 1/2. Matinées les dimanches et fêtes à 2 heures.

Avant-scène rez-de-chaussée .	3 fr. —	Fauteuils d'orch. roug. 2ᵉ série	1 fr. —
Loges — .	2 fr. 50	— noir	0 fr. 50
Fauteuils réservés	2 fr. —	— de balcon	0 fr. 80
Avant-scènes de balcon . . .	2 fr. —	Pourtour	0 fr. 50
Fauteuils d'orchestre 1ʳᵉ série	1 fr. 50	Amphithéâtre	0 fr. 50
Loges de balcon	1 fr. 50	— Dim. et fêtes le soir.	1 fr. et 75 c.

Consommation comprise.

CONCERT PERSAN

Boulevard Sébastopol, 16 bis.

Tous les soirs, à 8 h. 1/2, opérettes, monologues, duos, chansons, chansonnettes. Matinées dimanches et fêtes, à 2 heures.

Prix des consommations : Semaine et matinée, à toutes les places, le bock 50 cent. et autres consommations 60 centimes. Les dimanches et fêtes 75 centimes et 1 franc.

CONCERT DE LA POSTE

Rue Saint-Dominique, 99.

Tous les soirs concert, attractions, opérettes.
Dimanches et fêtes grande matinée populaire.
Entrée libre : le bock, 40 centimes.

CONCERT DE LA SALLE WAGRAM

Avenue de Wagram.

Tous les soirs, à 8 heures, spectacle-concert, attractions, pantomimes.
Prix des places : 1 fr., 1 fr. 25 et 2 francs.

CONCERT DE LA SIRÈNE

Ancien Concert de Lyon transformé et restauré, rue de Lyon, 18. Ouvert tous les soirs à 8 heures.
Concert-spectacle, attractions, vaudevilles, opérettes.

	Semaine	Dimanche		Semaine	Dimanche
Loges	1 fr. 50	2 fr. —	Fauteuils ordinaires :	0 fr. 75	1 fr. —
Fauteuils réservés .	1 fr. —	1 fr. 50	Stalles.	0 fr. 50	0 fr. 75

Consommation comprise.

CONCERT DE LA VILLE JAPONAISE

Boulevard de Strasbourg, 17.

Spectacle varié, attractions diverses, chansonnettes.
Tous les jours, de 4 à 7 heures, apéritif-concert.
Tous les soirs, à 8 h. 1/2, chansons saynètes.
Tous les soirs, de 11 à 2 h., au Caveau, cabaret Montmartrois.
Entrée libre : le bock, 50 centimes. Fauteuils, 1 franc.

CONCERT DU XXᵉ SIÈCLE

Boulevard Ménilmontant, 138.

Loges	1 fr. 25 et 1 fr. 50	Stalles et galerie	0 fr. 75
Fauteuils d'orchestre et balcon.	1 fr.	Amphithéâtre	0 fr. 60

Consommation comprise

Dimanches et fêtes légère augmentation à toutes les places.

LA COTE D'AZUR

Boulevard de Clichy, 75.

Spectacle-concert tous les soirs, à 8 heures 1/2.

Entrée : 1 franc, consommation comprise.

Tous les jours, de 4 à 6 h., apéritif-concert à 50 centimes. Dimanches et fêtes, 75 centimes.

DIVAN JAPONAIS

Rue des Martyrs, 75.

On y joue le drame, la comédie et des revues. Cet établissement a pris un grand essor sous la direction du poète chansonnier Gaston Habrekom qui y créa ses *chansons sensuelles*.

Rez-de-chaussée		Premier étage	
Loges grillées (4 places). . .	20 fr. —	Avant-scènes, la place. . . .	2 fr. —
Avant-scènes, la place. . .	5 fr. —	Fauteuils de balcon, 1ᵉʳ rang	2 fr. —
Premières loges	3 fr. 50	— — 2ᵉ et 3ᵉ rang	1 fr. 50
Deuxièmes —	3 fr. —	— — autres rangs	1 fr. 25
Fauteuils réservés	2 fr. 50	Loges de balcon 1ᵉʳ rang. . .	1 fr. 75
— d'orchestre . . .	2 fr. —	— — autres rangs .	1 fr. 25
Stalles.	1 fr. 50	Galerie.	0 fr. 75
Promenoir	1 fr. —	En location, 25 c. de plus par place.	

On détaille par place les avant-scènes qui ont 4, 6

et 10 places et les 1res et 2es loges qui ont 4, 6, 8 et 9 places.

Dimanches et fêtes, matinées à 2 heures.

L'ECU DE FRANCE

Rue de Rambuteau, 52.

Tous les soirs à 8 h. spectacle-concert, opérettes, attractions.

Entrée libre : le bock, 30 et 40 centimes. Samedis, dimanches et fêtes, 75 centimes.

Les premières places donnent droit à une coupe de champagne au prix de la consommation.

EDEN DES GOBELINS

Avenue des Gobelins.

Chansonnettes, monologues, opérettes, revues, etc.
Ouvert tous les soirs à 8 heures. Entrée libre. Le bock, 40 centimes, renouvellement 25 centimes.

EDEN DU TEMPLE

Rue de Bretagne, 49.

Tous les soirs à 8 h. 1/2 concert et audition musicale.
Entrée libre. Prix des consommations : Dimanches et fêtes, 75 cent., samedis, 60 cent., autres jours, 50 centimes. Matinée le dimanche, à 2 heures, 50 centimes.

ELDORADO

Boulevard de Strasbourg, 4.

	Dim. et fêtes	Semaine
Av.-scènes de rez-de-chaus. et de balcon	4 fr. —	50 cent. de moins par place.
Loges de rez-de-chaussée	3 fr. 50	
— de balcon	3 fr. —	
Fauteuils d'orchestre 1ers rangs	3 fr. —	
— — autres rangs	2 fr. —	
— de balcon	2 fr. —	
Promenoir	1 fr. —	

Location 25 centimes en plus par place.

EXCELSIOR-CONCERT

Avenue de la Bourdonnais, 63.

Ouvert tous les soirs à 8 heures.

Matinées à prix réduits les dimanches et fêtes, à 2 heures.

	Semaine	Dim. et fêtes
Loges	2 fr. —	2 fr. —
Fauteuils réservés	1 fr. —	1 fr. 50
— d'orchestre	0 fr. 75	1 fr. 25
— galerie 1er rang	1 fr. —	1 fr. 25
— de face	0 fr. 75	1 fr. —
Stalles	0 fr. 50	0 fr. 75

Consommation comprise.

FANTAISIES-MONTPARNASSE

Salle Gangloff, 6, rue de la Gaîté, 6.

Ouvert tous les soirs à 8 heures.

Fauteuils, semaine	0 fr. 60	Dimanches et fêtes	1 fr. et 1 fr. 25
Pourtour	0 fr. 50	—	0 fr. 60 et 0.75

Consommation comprise.

FANTAISIES SAINT-MARTIN

Faubourg Saint-Martin, 48.

Ouvert tous les soirs, à 8 heures. Dimanches et fêtes matinée à 2 heures.

Prix des places : 50 cent., 1 fr. et 1 fr. 50.

LA FAUVETTE

Avenue des Gobelins, 58.

Ouvert tous les soirs à 8 h. du 1er octobre au 1er avril. Ouvert les vendredis, samedis et dimanches du 1er avril au 1er septembre.

Dimanche : Loges, 2 fr., fauteuils, 1 fr. 50 et 1 fr. 25, pourtour 75 et 60 centimes. Les autres jours les prix sont réduits de moitié. Tout porteur de ce Guide bénéficie d'une réduction sur ces prix.

FOLIES-BELLEVILLE

Rue de Belleville, 8.

Loges	2 fr. —	Pourtour de rez-chaus.	0 fr. 75
Fauteuils d'orchestre.	1 fr. 25	Galerie	0 fr. 75
— de balcon. .	1 fr. 25	Banquettes de galerie	
Stalles d'orchestre . .	0 fr. 75	dernier rang.	0 fr. 50

FOLIES PARISIENNES

Rue de Flandre, 29.

Spectacle les samedis, dimanches et lundis, à 8 heures. Dimanches, matinée à 2 heures.

Prix des places (consommation comprise) 1 fr. 50, 1 fr., 75 et 50 centimes.

FOLIES SAINT-ANTOINE

Faubourg Saint-Antoine, 207.

Ouvert les samedis, dimanches et lundis, à 8 h. 1/2.

Semaine et matinée		Dimanches et fêtes		
Fauteuils . . .	0 fr. 60	Fauteuils . . .	0 fr. 75	Consommation
Stalles	0 fr. 50	— . . .	0 fr. 60	comprise

LA FOURMI

Boulevard Barbès, 10.

Concert, attractions, drames, comédies.

	Semaine	Dimanche		Semain.	Dimanche
Loges . .	1 fr. 25	1 fr. 50	Balcon.	0 fr. 75	1 fr. —
Avant-scènes . . .	1 fr. —	1 fr. 25	Galerie.	0 fr. 60	0 fr. 75
Fauteuils d'orchestre	0 fr. 75	1 fr. —	Amphithéâtre . . .	0 fr. 50	0 fr. 60
Stalles et parterre ..	0 fr. 60	0 f. 75			

GAITÉ-ROCHECHOUART

Boulevard Rochechouart, 15.

Tous les soirs, à 8 heures, spectacle-concert, vaudeville, opérettes, revues, attractions, etc

Loges : 2 fr. ; fauteuils d'orchestre, 1 fr. 50; orchestre, 1 fr. ; pourtour, 75 centimes; galerie, 50 centimes.

GUINGUETTE FLEURIE

Rue Buffault, 4.

Concert artistique distribuant un joli bouquet à chacune de ses aimables spectatrices.

Entrée : 1 fr. 50, consommation comprise.

JARDIN DE PARIS

Voir le concert de l'Horloge, aux Champs-Elysées, côté gauche.

Chassé en 1898 par les travaux de l'Exposition, qui ont englobé l'ancien Jardin de Paris, M. Oller, le directeur, s'est réfugié dans le carré de l'Horloge, aux Champs-Elysées (gauche); de là a fait sortir de terre le plus gai, le plus charmant petit paradis qu'on puisse rêver.

Mondains et mondaines, se donnent rendez-vous dans le fameux Crypte ou dans les théâtres souterrains, où les almées exécutent les danses du ventre. Tout cela est curieux et d'une note bien parisienne, jusqu'à la glissade, chemin amusant qui conduit dans le sous-sol.

Entrée : 3 fr. ; le vendredi, 5 fr.

Les dimanches, matinées à 2 h. 1/2. Entrée : 1 fr.

MOULIN-ROUGE

Boulevard de Clichy, 88.

Est l'établissement le plus gai de Paris. Après le concert, le public assiste au bal, égayé par les célébrités du chahut.

Fête de nuit le samedi. Entrée : 3 fr.

NOUVEAU CONCERT

Faubourg Montmartre, 9.

Tous les jours, de 3 heures à 6 heures, concert-apéritif. Bock, à 30 centimes, à toutes les places.

Tous les soirs, à 8 heures, grand concert, suivi d'attractions.

Loges : 1 fr.; fauteuils, 75 centimes, consommation comprise. Dimanches et fêtes, matinée, à 2 h. 1/2.

PARIS-CONCERT

Avenue des Ternes, 5 (Théâtre des Ternes).

	Semaine	Dim, fêtes, mat.
Avant-scènes	3 fr. —	2 fr. 25
Loges	2 fr. 25	1 fr. 75
Fauteuils avancés.	1 fr. 75	1 fr. 50
Orches re et 1re galerie.	1 fr. 50	1 fr. 25
Deuxième galerie.	1 fr. —	1 fr. —

PÉPINIÈRE
Rue de la Pépinière, 9 (gare St-Lazare).

Avant-scènes	2 fr. 50	Faut. de balc. 1er rang.	1 fr. 50
Fauteuils d'orchestre	1 fr. 50	Stalles de balcon	1 fr. 30
Loges	2 fr. —	Deuxième galerie	1 fr. 50
Stalles d'orchestre	1 fr. 30		

Dimanches et fêtes, matinée à 2 heures.

PETIT CASINO
Boulevard Montmartre, 12.

Tous les jours, entre 4 et 6 heures, répétitions publiques. Consommation de 1er choix, aux prix ordinaires des cafés.

Tous les soirs à 8 heures.	Semaine	Dim. et fêtes
Fauteuils	1 fr. 50	2 fr. —
Chaises	1 fr. —	1 fr. 25

SCALA
Boulevard de Strasbourg, 13.

Avant-scènes, 6 places	50 fr. —	Fauteuils d'orchestre	4 et 5 fr.
Loges, 4 places	35 fr. —	— de balcon	3 et 4 fr.

TAVERNE DU RIRE
Rue St-Jacques, 51.

Ouverte tous les soirs, à 10 h. 1/2.

Concert-Refrain du quartier, scies-chansonnettes, Le bock : 60 centimes, renouvellement, 30 centimes.

CONCERTS POPULAIRES

Concerts Colonne.
> » du Conservatoire.
> » d'Harcourt.
> » du Jardin d'Acclimatation.
> » Lamoureux.
> » Rouge.

L'idée de répandre dans les masses la connaissance des chefs-d'œuvre de la musique symphonique a amené la création des concerts populaires.

Fondés en 1861, par M. Jules Pasdeloup, et continués depuis par M. E. Colonne, qui a eu en M. Lamoureux un imitateur, ces concerts ont brillamment réussi.

Si donc l'on est amateur de belle et bonne musique, on peut en toute assurance aller dans l'une des salles indiquées ici. Toutes sont fréquentées par une société un peu mêlée peut-être, mais avant tout mélomane et sachant goûter les beautés d'un art qui n'avait pas toujours été à sa portée.

CONCERTS COLONNE

Donnés chaque dimanche, à 2 heures, au théâtre du Châtelet pendant la saison d'octobre à mars (24 concerts en tout.) Les prix d'abonnement sont fixes, les prix de location varient en raison de l'importance du programme, c'est pourquoi sont indiqués ici les prix minimums, moyens et maximums. A l'ouverture des concerts, les prix des bureaux sont les mêmes que ceux de location.

	Prix d'abonnem.	Location minimum	Location moyen	Location maximum
Premières loges	7 fr. la pl.	8 fr. —	10 fr. —	12 fr. —
Baignoires	6 fr. —	7 fr. —	9 fr. —	11 fr.
Fauteuils de balcon 1er rang.	7 fr. —	8 fr. —	10 fr. —	12 fr. —
— — autres	6 fr. —	7 fr. —	9 fr. —	11 fr. —
— d'orchestre	5 fr. —	6 fr. —	8 fr. —	10 fr. —
Chaises d'orchestre	4 fr. —	5 fr. —	7 fr. —	8 fr. —
Première galerie	3 fr. —	4 fr. —	6 fr. —	7 fr. —
Stalles d'orchestre	3 fr. —	4 fr. —	5 fr. —	7 fr. —
Pourtour	2 fr. 50	3 fr. —	4 fr. —	6 fr. —
1er amphithéâtre	2 fr. 50	3 fr. —	4 fr. —	6 fr. —
Parterre	»	2 fr. 50	3 fr. —	4 fr. 50
2me amphithéâtre	»	2 fr. —	2 fr. 50	3 fr. 50
3me —	»	1 fr. —	1 fr. 50	2 fr. —

CONCERTS DU CONSERVATOIRE

Faubourg Poissonnière, 15.

Ces concerts, très recherchés, ont lieu chaque dimanche, à 2 heures, dans la grande salle du Conservatoire. Le répertoire est exclusivement classique et l'exécution de premier ordre. Les auditeurs sont presque tous abonnés. Néanmoins on trouve quelquefois, à partir du samedi, 3 heures, au nᵒ 12 de la rue du Conservatoire, des billets depuis 2 fr. jusqu'à 10 et 12 fr.

CONCERTS D'HARCOURT

Rue Rochechouart, 40.

Musique exclusivement classique pendant 10 concerts (de janvier à avril) le dimanche à 2 h. 1/2.

Places : 1 fr. et 5 fr.

CONCERTS DU JARDIN D'ACCLIMATATION

Au Bois de Boulogne.

Ces concerts, dirigés par M. Lafitte, de l'Opéra, sont donnés les jeudis et dimanches, à 2 heures, dans la grande salle annexée au Palmarium. Ils sont très suivis, leur situation donnant l'occasion d'une agréable promenade. Prix des sièges : 1 fr.

En été, concert dans le jardin.

CONCERTS LAMOUREUX

Sont donnés chaque dimanche d'octobre à avril, au théâtre de la République, rue de Malte. Prix des places :

Parquet . . . . 10 fr.		Promenoir, entrée . . 3 fr.	
Loges, la place. . . . . 8 »		Secondes de face . . . 3 »	
Premières . . . . . . 8 »		Secondes de côté . . . 2 »	
Promenoir numeroté, 1er rang 6 »			

On trouvera des billets aux mêmes prix chez tous les éditeurs de musique.

CONCERTS ROUGE

Rue de Tournon, 10.

De 8 h. 1/2 à 11 heures. Entrée libre.

Fauteuils : 1 fr., consommation comprise. Renouvellement aux prix ordinaires.

MUSIQUES MILITAIRES

Les régiments étant nombreux à Paris, la population se trouve favorisée sous le rapport des concerts militaires répartis de telle sorte que chaque jour, de mai à septembre, un quartier différent de la capitale jouit de ce plaisir gratuit. Selon les saisons, ces concerts ont lieu, à quatre ou cinq heures du soir, durant une heure, et sont toujours très suivis. Voici les emplacements et les jours où nos musiciens militaires se font applaudir:

Buttes-Chaumont, rue Manin, dimanche, jeudi.

Jardin des Plantes, quai St-Bernard, dimanche.

Luxembourg, boulevard St-Michel, dimanche, mardi, vendredi.

La Garde Républicaine joue le 2me mardi et le dernier vendrdi de chaque mois.

Palais-Royal, dimanche, mercredi, vendredi.

La Garde Républicaine joue les 1er et 3me vendredis.

Parc Monceau, dimanche.

Parc Montsouris, avenue Reille, dimanche.

Parc de la Muette, Passy Ranelagh, jeudi.

Place des Vosges, jeudi.

Square d'Anvers, avenue Trudaine, jeudi.

Square des Batignolles, place des Batignolles, jeudi.

Square Parmentier, rue du Gl-Blaise, dimanche.

Square de Vaugirard, mercredi.

Tuileries, rue de Rivoli, dimanche, mardi, jeudi.

La Garde Républicaine joue le 4me dimanche et les 1er et 3me mardi de chaque mois.

A chacun de ces emplacements sont installées des chaises à la disposition du public, au prix de 10 centimes. Les places étant envahies les jours destinés à la Garde Républicaine dont les artistes sont hors de pair et justement appréciés, il est bon de s'y rendre au moins une heure à l'avance si l'on veut être convenablement placé.

CERCLES

Qu'est-ce qu'un Cercle ? C'est un lieu où l'on cause, où l'on déjeûne ou dîne, et surtout où l'on joue.

Bien qu'en principe le jeu soit interdit, l'administration en autorise quelques-uns, tels que le Baccarat, l'Ecarté, le Poker, le Bridge, le Wisth et le Bézigue. La Roulette n'est pas tolérée.

On ne joue pas avec de l'argent, mais avec des jetons ayant des valeurs de convention de 2 fr. 50, 5 fr., 20 fr., 100 fr., 500 fr. et 1000 fr. Ces jetons ont cours forcé au Cercle qui doit les rembourser à première réquisition.

Quoique les Cercles soient « fermés », l'accès en est possible aux étrangers. Il suffit de se faire présenter par un membre sous les conditions énoncées dans les statuts particuliers à chacun de ces établissements.

Les salles de billard sont très fréquentées.

De nombreux Cercles existent à Paris, mais parmi eux il en est quatre ou cinq dont les membres appartiennent à la société la plus select.

Le *Jockey Club*, fondé en 1834, dans le but d'encourager l'amélioration de la race chevaline en France, a pour président M. le duc de Rochefoucauld-Doudeauville, rue Scribe, 3.

L'*Agricole* a pour but d'encourager le perfectionnement de l'agriculture et le développement du cheval français. Fondé en 1835, il a pris un grand développement après 1870 et compte aujourd'hui plus de 600 membres. Boulevard Saint-Germain, 284.

Le *Cercle de la rue Royale*, qui n'a rien de commun avec la Société des Steeples, a été fondé en 1852 et a eu, pendant ces dernières années, pour président, le prince de Sagan qui fut l'arbitre de toutes les élégances. Rue Royale, 1.

L'*Union artistique*, connu aussi sous le nom de *Mirliton*, ou de l'*Epatant*. Il dut sa création, en 1860, à une élite artistique et mondaine qui l'installa rue de Choiseul dans un local plutôt modeste. Il déménagea en 1868 pour s'établir rue Boissy-d'Anglas. Les fêtes d'inauguration lui valurent par leur éclat le surnom d'*Epatant*. C'est le Cercle le plus important de Paris ; il comprend 2000 membres.

Le *Cercle National*, créé en 1875, et qui, pendant la période du 16 mai, servit de lieu de réunion aux 363, se compose de sénateurs, de députés, de hauts fonctionnaires et de notabilités politiques. Avenue de l'Opéra, 5.

L'*Automobile Club* est sous la présidence du baron Van-Zuylen, marié à une demoiselle de Rothschild. Il occupe le fameux hôtel de Plessis-Bellière, légué au Pape par la dernière marquise de ce nom. Les rigueurs gouvernementales l'ont fermé pendant quelques jours à la suite des manifestations politiques d'Auteuil (juin 1899.) Place de la Concorde, 4.

Le *Cercle de la Presse* se recrute un peu dans tous les mondes. Boulevard des Capucines, 6.

Le *Cercle artistique et littéraire* est connu par ses représentations d'œuvres inédites interprétées par les meilleurs pensionnaires de nos principales scènes. Rue Volney, 7.

Le *Cercle du Commerce* est fréquenté par les principaux négociants de Paris, qui y discutent parfois les questions de douane et de tarifs internationaux. Rue de Viarmes, 21.

Le *Cercle de l'Imprimerie et de la Librairie* dont font partie les principaux éditeurs de Paris. Boulevard Saint-Germain, 117.

Le *Cercle militaire*, inauguré avenue de l'Opéra, 49, par le général Boulanger, le 1er juillet 1886, et ouvert à tous les officiers.

Le *Cercle de l'Escrime*, fréquenté par beaucoup d'étrangers. Rue Taitbout. 9.

Le *British Club*, boulevard des Capucines, 12.

Le *Cercle Athlétique* de l'Union des Sociétés françaises des sports athlétiques, île de Puteaux.

Le *Cercle des Capucines*, boulevard des Capucines, 6.

Le *Cercle central des Lettres et des Arts*, rue Vivienne, 36.

Le *Cercle du Château d'Eau*, rue de Bondy, 1.

Le *Cercle des Chemins de fer*, rue de la Michodière, 22, et boulevard des Italiens, 29.

Le *Cercle de l'Etoile*, faubourg St-Martin, 75.

Le *Cercle Molière*, rue Richelieu, 104.

Le *Cercle Nautique de France*, avenue Wagram, 41.

Le *Cercle privé des Etrangers de Dinant*, rue Grange-Batelière, 11.

Le *Cercle de l'Union*, boulevard de la Madeleine, 11.

Le *Cercle de l'Union artistique*, rue Boissy-d'Anglas, 5.

Le *Cercle de la Voile de Paris*, rue Mogador prolongée, 5.

Le *Club Alpin français*, rue du Bac, 30.

Le *Club américain de demoiselles*, rue de Chevreuse, 4.

Le *Club Anglais*, rue de la Chaussée-d'Antin, 3 bis.

L'*Omnium*, boulevard des Italiens, 29.

Les *Parisiens de Paris*, boulevard Beaumarchais. 34.

Le *Rallye-Vélo*, rue de Chartres, 4, à Neuilly.

Le *Salon des Courses*, boulevard des Capucines, 20.

Le *Sporting Club*, rue Caumartin, 2.

Le *Yacht Club de France*, place de l'Opéra, 6.

RESTAURANTS

Les restaurants se divisent en deux classes : restaurants à la carte et restaurants à prix fixes.

Dans les premiers, le consommateur choisit ce qui lui plaît sur une carte où sont indiqués les mets et leurs prix, et il paie au prorata de la consommation.

Les grands restaurants de Paris ont une réputation universelle, et l'étranger souvent vient de loin pour y goûter longuement les douceurs d'une bonne table.

Les décrire tous, avec leurs particularités, l'aspect de leurs salles aux différentes heures du jour et de la nuit, leurs histoires et leurs légendes, serait la matière d'un volume.

Les plus achalandés se trouvent aux boulevards : le Café Anglais, le Café Riche, Brébant, la Maison dorée, Paillard, Noël Peters, ont une clientèle de jour et une de nuit, l'une composée de gens sérieux, de hauts fonctionnaires, de riches étrangers, l'autre, de viveurs enragés, de gandins et de cocottes.

Passé minuit, le Café Américain, Julien, Maxime, sont de brillants endroits où la jeunesse turbulente va faire des folies.

Citons Maire dont la cave est renommée; Champeaux, qui a failli disparaître sous une explosion récente; Marguery, connu du monde entier; le Faisan doré, dont la clientèle se recrute parmi les habitués de la Butte, le Café Durand, Larue, à la Madeleine ; le Grand Véfour, au Palais Royal; Foyot, au quartier Latin; le père La-thuille, célèbre depuis 1814, qui ne voit plus guère que des couples prohibés ; Voisin, où le fonctionnaire vient en partie fine, etc.

Puis Baratte et l'Ange Gabriel, aux Halles, si chers aux Noctambules, ouvrant alors que les autres ferment plus ou moins. Le mélange qui s'opère dans les salles communes de viveurs éreintés par une nuit de débauche et de gros marchands venus aux halles pour leurs affaires, l'appétit aiguisé par une longue route, en constitue la physionomie.

Le restaurant Ledoyen, aux Champs-Elysées, dont la cuisine est bonne et la clientèle patriarcale ; on mène sa maîtresse au Faisan-Doré ou chez Lapérouse, et sa femme chez Ledoyen : une nuance.

Enfin, le pavillon d'Armenonville et le restaurant de Madrid, au Bois de Boulogne, auxquels les journalistes ont fait une réputation.

Les établissements de premier ordre, surtout aux boulevards, ont des cabinets particuliers, ou salons, avec entrée spéciale, ouverts la nuit et destinés aux parties fines. Il est bon de savoir aussi qu'ils ont des prix particuliers et que les louis s'y métamorphosent. Du reste, les cartes de ces restaurants ne portent pas de prix, et l'addition se fait souvent, dit-on, sur la mine des gens.

Dans les restaurants à prix fixes, on a le choix entre divers potages, un certain nombre de plats gras ou maigres, du dessert, du vin, du pain à discrétion. La catégorie de ces restaurants, entre 90 centimes et 1 fr. 50, est relativement peu nombreuse.

Quoique la carte soit savamment rédigée et annonce

un tas de bonnes choses, la plupart du temps on ne sait ce qu'on mange et encore moins ce qu'on boit ; il faut une foi robuste pour croire aux merveilles de la carte et un estomac complaisant pour les digérer.

Les restaurants à 1 fr. 60 et 2 fr. du Palais-Royal ne voient plus guère que les provinciaux arrivant à Paris ; ils continuent à vivre, grâce à leur situation exceptionnelle et à leur notoriété ; néanmoins, ils ont reçu un un coup funeste par la création des Bouillons Duval et autres de même nature qui se sont répandus dans tout Paris.

BILLARDS

Dans les petits établissements et chez les marchands de vin, l'heure de jeu de billard est comptée de 25 centimes à 50 centimes. Quelques-uns, même, ne font rien payer.

Un premier accroc au tapis est payé de 10 à 20 fr., un second de 5 à 10 fr.

Dans les grands cafés, l'heure est comptée de 50 centimes à 1 fr. 20. Un premier accroc, 50 fr., un deuxième, 30 fr.

Plusieurs de ces derniers possèdent quatre, huit, dix, jusqu'à vingt billards et sont des écoles permanentes, où les maîtres, à titre gratuit ou onéreux, ne manquent pas à celui qui veut se perfectionner. Ils sont le rendez-vous des meilleurs joueurs. Quelquefois, un professeur en vogue dirige l'établissement auquel sont attachés des professionnels. Il s'y joue des tournois ou matchs quotidiens et pour y assister il suffit de prendre une consommation. L'heure coûte de 1 fr. 50 à 2 fr. 40. Les grands matchs se jouent sur des billards spéciaux.

Les paris sont interdits dans ces matchs. Parfois les concurrents ont un enjeu versé par des amateurs.

On a encore présents à la mémoire les célèbres parties internationales engagées, il y a une dizaine d'années, entre le Français Vignaux, le plus fort joueur du monde, et les Américains Seosson et Scheiffer, et dont les péripéties étaient suivies avec tant de passion par les amateurs des deux mondes.

L'académie la plus fréquentée est celle de Vignaux, du passage des Panoramas, puis l'académie L. Piot, 47, rue Vivienne, le Salon du professeur Cure, 49, rue de la Victoire. Le Grand Café, 14, boulevard des Capucines, le Café du Globe, boulevard de Strasbourg, et quelques autres établissements ont de très forts joueurs.

Leçons : 5 fr. à 10 fr. l'heure. Réduction par cachets.

A l'occasion de l'Exposition, il sera probablement organisé un match du Championnat du monde et un tournoi handicap entre les professeurs de France et d'Amérique.

CAFÉS

Les Cafés et Brasseries les plus luxueux sont situés dans les quartiers du Centre et principalement aux grands boulevards.

Lorsqu'il fait beau, les larges trottoirs sont, devant ces établissements, occupés par des tables et des chaises, et il n'est pas de passe-temps plus agréable, le soir, que de se placer à ces terrasses improvisées pour voir défiler la foule des promeneurs.

Dans certains de ces cafés, la société est très mêlée. Rastaquouères et flibustiers y coudoient d'honnêtes bourgeois et commerçants, et de timides provinciales y observent l'élégance et le chic des boulevardières.

De la place de la République à celle de la Madeleine, tous se succèdent, le côté droit du boulevard maintenant sa vieille réputation de chic, et tous rivalisent de somptueux décors, débordant de lumière et jetant au public les sons harmonieux des orchestres tziganes ou autres.

Après tant d'autres, Brébant, Muller, Madrid, les Princes, rendez-vous de charmantes dames aux toilettes excentriques et à l'accueil conciliant; Jouffroy, Mazarin, rendez-vous des boursiers; Zimmer, Poustel; les brasseries populaires; l'Américain, où, passé minuit, l'on s'occupe moins d'affaires que de tendresses avec le demi-monde qui vient y chercher asile, le Grand Café, etc.

Sur le côté gauche, on trouve le Café de Suède, rendez-vous des acteurs des divers théâtres, des « m'as-tu vu »; Ducataing, le Café Cardinal, qui conserve son antique réputation et sa clientèle de journalistes, d'hommes de finance et de gentlemen; le Café Anglais, où l'on retrouve encore les vieilles traditions défuntes; le Napolitain, refuge des artistes et des

Au Bal Costumé. (Cliché de *La Chronique*.)

écrivains qui viennent se conter leurs peines et leurs espérances, Jullien, la Taverne des Capucines, etc.

Tous les noctambules se rencontrent là en sortant des théâtres.

A une époque, quelques-uns de ces établissements ont par la clientèle qui les fréquentait, joui d'une certaine vogue qui leur échappe peu à peu. Le luxe des nouveaux établissements a attiré et déplacé cette clientèle, et l'on ne voit plus guère de « Cafés littéraires » (comme on disait autrefois) où se rencontrent, à certaines heures, des littérateurs, des écrivains, dont la conversation roule, entre deux bocks, sur les choses de l'esprit.

Le Café de la Régence, place du Théâtre Français, qui reste le siège de ces formidables parties internationales d'échecs. Le café de la Presse, rue Montmartre, réserve toujours ses tables aux reporters et journalistes.

La Capitale, boulevard de Strasbourg, la brasserie Molard, en face la gare Saint-Lazare, voient de neuf heures à minuit, un défilé constant de jolies femmes ; au boul' Miche, la Taverne du Panthéon est vivante et le d'Harcourt, est envahi par les bandes joyeuses d'étudiants et de leurs compagnes. Le Rat-Mort, à Montmartre, est le rendez-vous des modèles femmes de la Butte sacrée.

Un Café tout neuf vient de s'installer boulevard des Batignolles : *A Tivoli*, tenu par une belle personne qui a réussi à attirer tous ses amis, formant ainsi une clientèle aussi artistique que bizarre dans ce quartier jusque là provincial. Des sociétaires de la Comédie-Française ont établi là leur quartier général, et des élèves du Conservatoire viennent y chercher des en-

Taverne du Grand-Bock

Ancienne Maison GRUBER & Cie

BOULEVARD ST-GERMAIN

33, rue St-Jacques & 30, rue Dornat

en face le Théâtre Cluny

CONSTANT ENFERT & Cie

PROPRIÉTAIRES

RESTAURANT A LA CARTE

Cave et Produits de choix

couragements. Si le Café de Suède reste le rendez-vous
des vieux Cabots, des mentons bleus, à Tivoli c'est la
jeune génération des comédiens qui portent des mous-
taches et s'habillent comme des attachés d'ambassade.
On trouve là des types aussi curieux que spéciaux.

CABARETS

Si sous le nom générique de *Cabaret* on veut entendre tout établissement où l'on boit et où l'on mange,
les Cabarets, à Paris, sont innombrables.

Huit mille débits de vin, connus dans l'argot parisien sous le nom de « bistros » ou de « mastroquets », se partagent la clientèle de la population ouvrière qui vient là, sur le zinc ou à une table, faire un *zanzibar* ou une *manille* en vidant une « verte » ou une bonne bouteille.

Ici, nous ne nous occuperons que des établissements qui ont acquis une certaine notoriété par la clientèle qui les fréquente ou les a fréquentés, truands, bohèmes, artistes, littérateurs ou monde galant, c'est-à-dire des cabarets de bas étage ou bouges et des cabarets dits « artistiques ».

C'est Montmartre qui a la spécialité de ces derniers auxquels la réclame a, depuis quelques années surtout, fait une réputation plutôt exagérée sous ce nom.

Intermédiaires entre les cafés-brasseries et les cafés-concerts, ils ne sont que pour les hommes qui cherchent à s'amuser sans autre souci que le plaisir. Fréquentés par les bohémiens des lettres et des arts, chacun d'eux craignant une éphémère durée cherche une originalité propre, mais on est toujours sûr d'y entendre un poète chevelu débiter sa chanson sur un air quelconque, avec accompagnement de mirlitons ou de chahuts variés. Dans ces établissements sévit surtout la chanson rosse où les travers humains sont impitoyablement blagués.

En tous cas, tous ne sont plus que le reflet du « Chat noir », de joyeuse mémoire, qui était le type du genre et malheureusement disparu depuis la mort de Rodolphe Salis.

Voici ceux actuellement les plus connus :

L'ANE ROUGE

Avenue Trudaine, 28.

Ouvert de 8 h. du soir à 3 h. du matin.
A 9 h. 1/2, audition des poètes-chansonniers.
Entrée libre. — Le bock, 40 ct.; le demi, 60 ct.
Exposition permanente de tableaux et dessins.

CABARET ALEXANDRE

Rue Pigalle, 73.

ouvert à 9 h., sous la direction du poète-chansonnier
Alexandre.
De minuit à 2 h., chansons brutales.
Il ne faut pas se formaliser de l'accueil fait en en-
trant dans cet établissement. — Chaque client, en ou-
vrant la porte, entend ce refrain : « Oh ! là ! là ! c'te
gueule, c'te binette, oh ! là ! là ! c'te gueul' qu'il a. »
Entrée libre. — Le bock 50 ct.

L'ARAIGNÉE

Rue Pigalle, 60.

Son décor seul a quelque originalité.
Spécialité de moules et de frites.
Entrée libre. — Le bock 40 ct.

CABARET DES ARTS

36, Boulevard de Clichy.

A aussi ses poètes-chansonniers montmartrois.
Entrée libre. — Consommation, 40 ct.

LE CIEL

Boulevard de Clichy, 53.

Ouvert à 9 h.

Chants célestes. Illusions mystiques et trucs magiques.
Entrée libre. — Le bock 65 ct.

Le service est fait par des garçons costumés en anges avec de grandes ailes dans le dos et des perruques blondes. Les âmes les plus timorées peuvent entendre et voir sans trop rougir.

CONSERVATOIRE DE MONTMARTRE

Boulevard Rochechouard, 108.

Cabaret artistique et littéraire.
Ouvert tous les soirs à 9 h.

Théâtre d'ombres. — Répertoire ancien et moderne et les Poètes-Chansonniers dans leurs œuvres.
Cet établissement est la reproduction exacte de l'un des bas-côtés de la fameuse abbaye du XIe siècle. — Il renferme une précieuse collection d'étendards, ban-

nières et oriflammes des corporations de Ménestrels, troubadors et musiciens du XIIe siècle ; et une galerie de portraits originaux par des célébrités actuelles de Montmartre.

Entrée libre. Le bock 30 ct.

L' ENFER

Boulevard de Clichy, 53.

Ouvert tous les jours à 9 h.
Séances de magie noire, Illusions diaboliques.
Peintures de Reitel et Valton.
Entrée libre. — Le bock, 65 ct.
Le service est fait par des garçons costumés en diables.

GAITÉ CAULAINCOURT

rue Caulaincourt, 87.

Cabaret artistique sous la direction
du poète-chansonnier Jean Lacombe.
Tous les soirs, à 8 h. 1/2, les poètes de la butte dans leurs œuvres.
Entrée libre. — Consommation 40 ct.

LE HANNETON

75, rue Pigalle.

Son entrée est libre et ses consommations sont aux prix ordinaires des cafés. Son principal intérêt est d'être en quelque sorte un petit cercle intime où se rencontrent les « petites amies » qui viennent potiner sur leurs sœurs de Lesbos.

LE LAPIN AGILE

Ancien *Cabaret des Assassins*, sur la Butte.

Rue des Saules, 4.

Concert les mardi, jeudi et dimanche
sous la direction de Mme Adèle.
Matinées dimanches et fêtes, de 3 à 7 h.
Entrée libre. — Prix ordinaires des consommations.

LE MIRLITON

Boulevard Rochechouart, 84.

Ancien cabaret d'Aristide Bruant, le poète faubourien.
Ouvert de 9 h. du soir à 2 h. du matin.
Chansons réalistes.
Entrée libre. — Le bock, 65 ct.

LA MUSE

Rue Champollion, 15.

Tous les soirs, à 8 h. 1/2, concert sous la direction
de St-Morel.
Entrée libre. Consommations 1 fr., renouvellement 40 ct.

LE NÉANT

Boulevard de Clichy, 34.

Ouvert le soir à 8 h. 1/2.

Une disposition d'esprit toute particulière est indispensable pour entrer dans cet établissement dont la porte est gardée par deux croquemorts. Tendue de draperies noires frangées et larmées d'argent, la salle est garnie de cercueils sur lesquels la bière est servie avec un petit cierge par un personnel de croquemorts dont la conversation est macabre. Une salle spéciale est réservée aux évocations d'outre-tombe, spectacle dont le réalisme fait frissonner et, malgré tout, songer au néant des choses.

Entrée libre. — Le bock 1 fr. 15.

LES NOCTAMBULES

Rue Champollion, 7.

Tous les soirs, à 8 h. 1/2, soirées littéraires avec les poètes-chansonniers dans leurs œuvres, sous la direction de Marcel Legay.

Entrée libre.
Consommations, 1 fr. 50; renouvellement, 40 ct.

LES QUATR' ZARTS

Boulevard de Clichy, 62.

Ouvert tous les soirs à 9 h.
On y entend les poètes Montmartrois :
Jehan Rictus, de Sivry, Mevisto, etc.
Entrée libre. — Le bock 40 ct.

CABARET DEL' TARTEIN DU NORD

Boulevard Rochechouart, 88.

Ouvert tous les soirs à 9 h.

Chansons de Béranger, Désaugiers, P. Dupont, Desrousseaux et flamandes.

Dimanches et fêtes, matinées.

Entrée libre. — Consommations, 40 ct.

BOUGES

Sans remonter jusqu'à la « Pomme de Pin » où Rabelais, dit-on, écrivit *Gargantua*, ni même au fameux « Lapin blanc », connu de tous ceux qui ont lu les *Mystères de Paris*, on peut voir encore de ces cabarets où grouille une clientèle tirée des plus bas fonds de la société : chiffonniers, rôdeurs, ivrognes et femmes dont l'âge et le sexe restent inconnus sous les haillons qui les couvrent.

Ces bouges sont situés sur divers points de Paris, et notamment dans les quartiers des Halles et Mouffetard, autour de la place Maubert, qui a perdu quelque peu de son originalité depuis l'ouverture de la rue Lagrange, mais qui n'en a pas été assainie pour cela, car c'est encore là, croyons-nous, que se réunissent le plus de « poivrots ».

Une tournée, « la tournée des grands-ducs », dans ces petits enfers parisiens est devenue presque classique chez le monde des viveurs, surtout depuis les visites quasi officielles faites maintes fois par des hôtes princiers de la France.

Des deux établissements où se réunissait autrefois la pègre dans le quartier de la place Maub', l'un vient de disparaître, *le Château Rouge*, connu aussi sous le nom de *Guillotine*, qui se dissimulait au fond de la cour du n° 57 de la rue Galande. Par lui-même ce cabaret n'avait rien de remarquable; c'était la clientèle appartenant à la basse bohème populacière qui en faisait l'intérêt. Il n'était pas rare d'y rencontrer des gens ayant reçu de l'instruction et de l'éducation, types interlopes exerçant des professions vagues, souteneurs aux toilettes criardes, femmes de tout âge, titubant ou ayant encore la force de cajoler un « miché » pour obtenir une « verte ». Tout ce monde échangeait les plus étranges propos ou des histoires cruelles de filles battues, de vols ou d'attaques nocturnes se mêlant aux obscénités les plus révoltantes. Autrefois, le Château Rouge était le rendez-vous des escarpes, mais les voleurs, sachant que ces établissements sont soumis à une étroite surveillance de la police, l'avaient peu à peu déserté.

L'autre est le *Père Lunette*, espèce de Chat-Noir de bas étage où des chanteurs braillent la chanson du Père Lunette :

> Rue des Anglais y' a une maison
> Un débit des plus folichons
> En passant, tout l'monde s'y arrête
> Chez l' père Lunette.

Son nom lui vient de ce que le fondateur était porteur d'une énorme paire de besicles avec monture de cuivre, qu'il fit peindre sur le vitrage de la devanture.

Le Père Lunette vit s'asseoir à ses tables des poètes et des artistes de tout genre, mais le fond de sa clientèle se compose surtout de personnages peu recommandables des deux sexes qui ont, pour la plupart, maille à partir avec la police. Les peintures des murailles sont des caricatures grossières de la « Vénus » de la place Maub' mise en sauvage, de Cassagnac, de Gambetta, de Zola, qui la contemplent, et d'autres panneaux horribles.

Des « dames » ne manquent jamais de se faire offrir du tord-boyaux par les visiteurs de marque amenés par les interprètes des grands hôtels.

Rue de Cotte (faubourg St-Antoine), le *Père Jules* doit sa notoriété à une collection de tableaux exécutés par le propriétaire du cabaret, et qui n'ont rien à voir avec l'art, relevant de la pornographie la plus éhontée. On ne s'expliquerait même pas que de pareilles exhibitions fussent tolérées dans un endroit public si on en savait, comme nous l'a appris M. Macé, ancien chef de la Sûreté, que certains établissements mal famés sont utiles à la police, en lui servant de souricières toujours ouvertes.

L'Assommoir de la rue Moufflétard, nº 139 et le Chat-qui-dort, au nº 63, sont curieux par leur clientèle de chiffonniers, dont les misérables taudis sont, en grande partie, dans la rue St-Médard.

Maître Albert, dans la rue de ce nom, est un hôtel romantique où l'on loge à la nuit dans des cabines aux portes branlantes et sur les murs desquelles suintent l'humidité et les obscénités.

La rue Aubry le Boucher a également un bouge où se donnent rendez-vous les virtuoses du pavé : aveugles, culs de jattes, etc.

Enfin, tout un monde de pierreuses et de souteneurs fréquente les bouges de la rue de Venise, dans le quartier St-Merri, et qui, eux aussi, vont disparaître en même temps que toutes ces ruelles où, il y a quelque vingt ans, on jouait du couteau tous les soirs.

Rue Quincampoix, dans un hôtel qui fut celui de Law, le célèbre financier de la Régence, on loge aujourd'hui à 50 ct. la nuit... Grandeur et décadence !

Rue Simon le Franc, rue de la Reynie, rue Brantôme, rue des Vieilles Etuves, existent encore des établissements du même genre où des filles habitent et sur la porte desquels on lit l'écriteau connu : Ici on loge à la nuit.

Au cabaret du père François, *au Sénat*, on verse du tord-boyaux à un public assez mélangé ; à côté des souteneurs de bas étage surveillant leurs marmites qui travaillent dans les environs, viennent s'asseoir des miséreux, clients des hôtels à « dix ronds » qui, avant de se coucher, noient leurs désespérances dans les assommoirs.

L'établissement Fradin est encore une station curieuse et émouvante de ce pays de l'horreur. Il dresse sa muraille sombre au 93 de la rue St-Denis, tout près du square des Innocents, à deux pas de chez Baratte, où les noceurs souvent achèvent leur nuit. Il faut vingt centimes pour loger dans cette triste hôtellerie de la misère, où règne une chaleur étouffante et où l'on est suffoqué par une odeur indéfinissable, fade, écœurante, dégagée par 600 ou 700 miséreux qui, de la cave au grenier, viennent s'entasser là, car on n'y connait pas de lit. Les premiers arrivants accaparent tables et bancs, les derniers venus doivent se contenter du plancher ou des marches des escaliers ; courbés, assis ou accroupis, ces pauvres êtres reposent, et quand, pour circuler, on enjambe leurs corps, on se figure être aux portes de l'enfer...

BRASSERIES DE FEMMES

Lorsqu'en 1875 fut votée la loi donnant la liberté
absolue du commerce des marchands de vin, débitants
de liqueurs et limonadiers, on vit surgir, dans tous les

quartiers de Paris, des brasseries dont le personnel se compose de femmes, et qui prétendent n'être autre chose que de simples cabarets.

En réalité, ces établissements ne sont que des maisons de prostitution, moins l'enseigne et les garanties.

Dans l'estaminet on raccole et on excite les clients par des boissons frelatées, on y joue clandestinement, et aux étages supérieurs on y fait des obscénités.

Dans ces conditions, les brasseries de femmes offrent des dangers considérables, tant au point de vue de la santé que de la morale.

La principale cause d'accroissement du nombre de ces brasseries, c'est qu'il est très difficile d'ouvrir une maison de tolérance, il est au contraire très facile d'ouvrir une vacherie... et le tour est joué.

Pendant une quinzaine d'années, ces brasseries ont pullulé dans les 2me, 5me, 6me, 10me et 18me arrondissements, mais, par suite des nombreuses campagnes menées contre elles, on constate aujourd'hui une décroissance sensible.

Certaines de ces brasseries ne sont pas seulement des brasseries de femmes pour hommes, mais de femmes pour femmes.

Les survivantes du quartier Latin sont situées principalement rue Monsieur-le-Prince, rue Mazarine, rue St-André des Arts et rue Champollion. Leur clientèle est, le plus souvent, composée de tout jeunes potaches, d'élèves des écoles qui rougiraient d'entrer dans une maison de tolérance, mais vont en bande dans ces brasseries où servent des marquises Pompadour, des Italiennes ou des Russes, etc.

Il en existe encore un certain nombre dans le quartier de l'Ecole militaire et à Montmartre; quelques autres dans les rues avoisinant les grands boulevards :

rue de Bondy, rue St-Denis, faubourg St-Denis, rue
Blondel, rue de la Lune, rue Mazagran, etc.

Liste des principales Brasseries de femmes

ouvertes la nuit

Arrivée des Lions, 16, rue Blondel.
Auberge du Caprice, 234, rue St-Denis.
Auberge du Chat Blanc, 7, faubourg St-Denis.
Au Moulin Rose, 12, rue Mazagran.
Au Village d'Albouy, 7, rue Albouy.
Borgia s'amuse, 3, rue de la Lune.
Brasserie du Chat Noir, 3, rue de la Lune.
— de la Draisienne, 161, rue Amelot.
— des Fleurs, 88, faubourg Poissonnière.
— de la Gaîté, 58, rue du Marais.
— du Petit Tonneau, 80, faub. Poissonnière.
— des Papillons, 12, rue du Château-d'Eau.
— des Phares, 12, rue Lesdiguières.
— des Ramiers, 127, faubourg St-Denis.
— de la Souris, 29, rue Bréda.
— Sans-Gêne, 6, rue de Tracy.
— du Soleil, 105, rue St-Antoine.
Taverne Indienne, 94, rue de Bondy.

BARS

Le Bar ne désigne autre chose que ce qu'en argot parisien on appelle le « Zinc », c'est-à-dire le comptoir du marchand de vins sur lequel on sert, non du vin, mais des boissons variées, thé, café, bière, alcools divers.

Grâce à l'anglomanie, le bar a passé le détroit et on en voit de nombreux spécimens populaires dans tous les quartiers de Paris où il tend, hélas ! à remplacer le vieux cabaret que chantèrent Collé, Désaugiers et Panard, et à alcooliser la population ouvrière, car i est généralement modeste.

Pourtant, nous citerons le bar Casilaya, 27, boulevard des Italiens, qui, par son luxe, son installation e ses excellentes boissons américaines, rappelle les plus somptueux bars d'Angleterre et d'Amérique.

En face, le bar hollandais Bols a également une magnifique installation *.

Citons également la tentative faite par la Société des Bars automatiques auxquels le public paraît devoir s'intéresser, peut-être à cause de la nouveauté et de la curiosité de ces installations, que l'on voit actuellement boulevard Sébastopol, 28, boulevard des Italiens, 115, boulevard Montmartre, en face Zimmer, etc.

---

* Puis ceux proches de l'Opéra, du Grand Hôtel, rue Gluck, rue d'Isly, Henry, tous élégants et fréquentés par les riches Anglais et Américains.

BALS

Joseph de Maistre a prétendu que ceux qui fréquentaient les Bals allaient chercher là l'excitation des sens.

« Pourquoi, dit-il, tant de jeunes gens aiment-ils le bal, depuis l'âge de 15 ans jusqu'à 30 et 40 ans ? Est-ce pour la danse elle-même, pour cet exercice violent qui laisse après lui la fatigue et l'accablement ? Nous ne le croyons pas. Otez à un bal toutes ses séductions et personne ne s'y rendra. Otez-lui cet orchestre bruyant qui commence par étourdir la tête et faire vibrer tous les sens, cette variété de costumes qui attire les yeux sans leur permettre de se fixer; ce double essaim de jeunes femmes et de jeunes hommes dont les regards expriment le plaisir, ces danses voluptueuses où les

bras se croisent, où les corps s'enlacent aux dépens de
la pudeur et souvent de l'innocence, ces nudités toujours scandaleuses, souvent révoltantes, par lesquelles
les femmes ont l'air de se mettre à l'enchère comme
dans un bazar d'Orient, et les salles de bal resteront
désertes. Que cherche-t-on donc dans les bals ? Tout
ce qui excite les sens au plus haut degré ».

Cette appréciation est certainement exacte en ce qui
concerne tout au moins les bals publics ordinaires,
moins nombreux aujourd'hui qu'autrefois, mais qui
sont encore des particularités de Paris.

A tout seigneur tout honneur.

Bien que les *Bals de l'Opéra* ne durent que pendant
le Carnaval, nous les signalons tout d'abord parce
qu'ils sont les plus curieux et les plus excentriques de
la vie parisienne.

Ils furent créés en 1715.

Il y en a quatre : trois, du mois de janvier au mardi
gras, et un à la mi-carême.

Ils commencent à minuit et durent jusqu'au jour.

Entrée : un cavalier, 20 fr.; une dame, 10 fr.

Les hommes doivent être déguisés ou en habit, en
frac ; les dames n'y vont que masquées.

Pour des étrangers, en compagnie de dames, qui
veulent seulement voir le bal, le mieux est de prendre
une loge.

La nuit d'un bal masqué, tout se trouve dans les
flancs de l'Opéra. Sous un dôme éclatant d'or, à la
lueur d'un million de flammes qui fatiguent la vue, on
dirait que son enceinte est une création des mille et
une nuit hantée par des êtres fantastiques.

Tout Paris est là, confondu, mêlé, enchevêtré, comme dans une danse d'Holbein, dans une danse diabo-

lique, Paris jeune, Paris fashionnable, Paris laid, Paris débauché, Paris artiste et jusqu'à Paris assassin.

Le mystère, mais un mystère sans poésie, enveloppe et protège tout cela de son manteau panaché.

Le *Moulin Rouge* est à la fois music-hall et bal. Dans ses salles, brillamment éclairées, un parfait orchestre exécute le répertoire de danses le plus nouveau, qui met en liesse de charmantes personnes excellant dans l'art de lever le bout de leurs bottines à hauteur de l'œil.

C'est là que se firent connaître en ces dernières années les reines du chahut : la Goulue et Grille d'Egout, et Nini Patte en l'air, etc.

Tels sont les principaux attraits de cet établissement fréquenté par un pêle-mêle d'individualités brillantes, énigmatiques, indéfinissables, qui appartiennent à tous les mondes : viveurs, artistes, capitalistes, jeunes gens avides de plaisirs et riches voluptueux blasés, trouvent là de quoi satisfaire leurs goûts et leurs désirs.

Entrée, 3 fr. Dimanches, en matinées, 50 ct.

Bullier. — Non loin du Jardin du Luxembourg et de l'Observatoire, ce bal, ouvert en 1838, s'appela d'abord la *Chartreuse*. Alors comme aujourd'hui, il était fréquenté par les étudiants. Il devint ensuite la *Closerie des Lilas*. C'était un jardin où l'on dansait pendant la belle saison. Après la démolition du Prado, Bullier y ouvrit un bal pendant toute l'année et l'établissement prit alors son nom qu'il a gardé. Durant de longues années, le bal Bullier avait la clientèle à peu près exclusive des étudiants et des Mimi Pinson ; aujourd'hui, il n'en est plus de même. La femme des boulevards y a ses entrées comme la femme du quartier, et presque toutes, tout en venant lever la jambe, faire le grand écart et se livrer à tous les accès de gaieté folle qui passent par une tête de vingt ans, y viennent surtout pour *faire un homme*. Quoiqu'il en soit, Bullier n'en reste pas moins le bal des Etudiants. Confortablement installé, il offre le double avantage d'une vaste salle et d'un magnifique jardin planté de grands arbres touffus et orné de bosquets rustiques.

Il est ouvert tous les jeudi (grande fête), samedi et dimanche, de 8 h. 1/2 du soir à minuit 1/2.

Entrée par cavalier, 2 fr. le jeudi, 1 fr. les samedi et dimanche.

La *Salle Wagram*, avenue Wagram, quoique éloignée du centre, est très fréquentée. Elle a surtout pour clientèle le personnel domestique, cochers et coquettes femmes de chambre des hôtels particuliers et grandes maisons bourgeoises des quartiers des Champs-Elysées, de l'Etoile et des Ternes.

Entrée, 1 fr.; mardi et jeudi, soirées. Dimanches et fêtes, matinées et bal de nuit.

En 1796, un magnifique établissement où tous les plaisirs se trouvaient réunis fut fondé sous le nom de *Tivoli*, devenu depuis le *Tivoli-Vauxhall*, rue de la Douane. Ce bal, où descendent les quartiers populeux du Temple et de Belleville ainsi que ceux environnant la place de la République, est l'un des plus courus.

Il est ouvert les lundi, jeudi, samedi et dimanche soir (matinée les dimanches et fêtes).

Entrée, 1 fr. par cavalier; 0,50 par dame.

Le *Moulin de la Galette*, rue Lepic, est fréquenté non seulement de tout Montmartre, mais de tout Paris. — Avec un grand jardin, dans la création duquel on a cherché à reconstituer les Porcherons, on trouve diverses attractions, chevaux de bois, tir, point de vue du panorama de Paris.

Il est ouvert les mardi, jeudi, samedi et dimanche soir, avec matinée les dimanches et fêtes.

Entrée : la semaine, 1,50 par cavalier et 0,50 par dame; le dimanche, 1 fr. par cavalier et 0,25 par dame.

Comme bals ayant encore une certaine importance, nous signalerons :

Le *bal Beuzon*, au *Salon des Mille Colonnes*, 20, rue de la Gaieté, ouvert seulement les dimanches et fêtes, à 2 h., et le soir.

Entrée, cavalier 25 ct., dame 10 ct.

Le *bal Parisot*, connu aussi sous le nom de *Casino du XIII*, 190, avenue de Choisy, près la place d'Italie.

Outre la clientèle des quartiers d'Italie et de la Gare, le bal Parisot est fréquenté par la jeunesse du faubourg St-Antoine et de la Bastille. L'un des rares établissements ouverts le lundi, il reçoit principalement ce jour les émancipées, qui viennent là, dépouillées de leurs brillantes toilettes et sous le simple costume de l'ouvrière, sans coiffure, s'amuser franchement, sûres d'y retrouver leurs « amants de cœur ». Aussi, y rencontre-t-on parfois — et méconnaissables — d'élégantes boulevardières.

Cet établissement est ouvert : le samedi soir, 25 ct.; les dimanches et fêtes : matinée à 2 h., 10 ct.; soirée : 25 ct.; le lundi : matinée à 2 h., 10 ct.; soirée : 10 ct.

Indépendamment de ces grands bals, il y a, un peu dans tous les quartiers, des bals, dits bals musettes, bastringues exclusivement fréquentés par des ouvriers, des militaires et de pauvres diables qui se donnent le plaisir de se trémousser à l'envie aux sons criards d'instruments en désaccord, tandis que se démènent et s'agitent de jeunes femmes, bonnes, ouvrières et cuisinières en rupture de fourneau.

CIRQUES

Les spectacles donnés dans ces établissements ne sont pas seulement les jeux hippiques qu'offraient les cirques romains.

Indépendamment des travaux équestres, on voit, dans nos cirques, des exercices de force, de souplesse et d'adresse, des voltiges, des intermèdes de clowns, exécutés par d'excellents acrobates, des animaux savants, et des pantomimes.

Le *Cirque d'Eté* des Champs-Elysées a voulu, à l'occasion de l'Exposition, se présenter sous un nouvel aspect. Considérablement agrandi, il devient, à la fois, Cirque et Music-Hall de premier ordre, avec restaurant des mieux agencés, café, bar et une magnifique terrasse, qui accroîtront certainement la vogue de l'établissement.

Prix d'entrée : Loge de 4 places, 40 fr. ; Fauteuils de balcon, 1er rang, 7 fr. ; les autres, 6 fr. ; Fauteuils de galerie, 1er rang, 4 fr. ; les autres, 3 fr. ; Promenoir, 3 fr.

Ouverture à 8 h. 1/2, d'avril à octobre.

Le *Cirque d'Hiver*, inauguré en 1852, au boulevard des Filles du Calvaire, et ouvert de la première quinzaine d'octobre à la première quinzaine d'avril.

Premières : au bureau, 2 fr. ; en location 3 fr.

Deuxièmes :   —   1 fr. ;   —   »

Troisièmes :   —   0,50 ;   —   »

Les enfants paient place entière.

L'*Hippodrome* qui vient d'être construit, boulevard de Clichy au coin de la rue Caulaincourt. Aussi vaste que celui qui existait avenue de l'Alma, cet établissement est luxueusement installé et sa disposition permet d'éblouissants spectacles-ballets qui donnent lieu à un déploiement admirable d'artistes richement costumés.

Le prix des places est des plus modérés, étant donné le spectacle offert : Loges de six places, 40 fr. ; fauteuils réservés, 5 fr. ; fauteuils de 1re, 4 fr. ; fauteuils de 2me, 2 fr. ; troisièmes, 1 fr. ; promenoir réservé, 3 fr. ; promenoir des 1res, 2 fr.

Le *Nouveau Cirque*, inauguré en 1886, offre cette particularité que, dès la fin des exercices ordinaires, une équipe de mécaniciens vient, sous les yeux des spectateurs, charger sur des wagonnets et enlever en quelques minutes, le tapis de la piste ; on voit aussitôt disparaître dans les dessous l'énorme plateau en fer qui le supporte et qui ne pèse pas moins de 20.000 kg. puis se former une vaste piscine, destinée aux ébats d'une troupe d'acrobates d'un nouveau genre.

Administration, 247, rue St-Honoré. Téléph., 241,84.

Loges (5 places) : au bureau, 25 fr. ; en location, 32 fr. 25.

Fauteuils : au bureau, 3 fr. ; en location, 4 fr.

Galerie-promenoir : au bureau, 2 fr.; en location, 4 fr.

Matinées, les dimanches, mercredis, jeudis et fêtes, à 2 h. 1/2.

NB. En faisant face aux écuries, les nᵒˢ pairs sont à gauche et les nᵒˢ impairs à droite. Il n'y a pas de deuxièmes.

Le *Cirque Medrano*, situé en haut de la rue des Martyrs, 72 *ter*, au coin du boulevard de Clichy, a été fondé en 1875, par Fernando Beert.

	Semaine	Location	Dimanches et Fêtes	Location
Fauteuils	2.—	2.50	2.50	3.50
Fauteuils de balcon.	3.—	3.50	3.50	4.50
Loges (6 pl.) la place	4.—	4.50	5.—	5.—
Stalles	1.—	»	1.50	»
Secondes	0.50	»	0.75	»

Les enfants paient place entière.

LA

GRANDE

ROUE

DE

PARIS

LA GRANDE ROUE DE PARIS

Est la plus gigantesque qui ait été construite : elle atteint en effet 106 mètres de hauteur ! C'est l'une des plus audacieuses créations du génie industriel en ce siècle pourtant si fertile dont l'exposition doit marquer l'apothéose: aussi est-elle assurée au milieu des merveilles cependant si nombreuses qui l'entourent, d'un succès auquel ne pourrait être comparé peut-être que celui de la Tour Eiffel en 1889.

Quoi de plus remarquable pour frapper l'imagination des foules que cette sorte de fantastique rouet entraînant dans son mouvement de rotation dans les airs *seize cents* voyageurs à la fois !

La Grande Roue de Paris n'a d'ailleurs pas attendu 1900 pour s'imposer à l'attention universelle, car en 1899 c'est par centaines de mille qu'on y a vu affluer les visiteurs émerveillés.

De l'avis unanime l'ascension de la Grande Roue est un véritable enchantement. Doucement, sans aucune secousse, sans la moindre trépidation, presque sans s'en apercevoir on s'élève lentement jusqu'à une hauteur de 100 mètres, d'où s'épanouit le plus admirable panorama qu'on puisse rêver avec Paris et l'exposition dont on saisit tous les détails. Et cela sans effroi, sans vertige possible, assis confortablement dans de coquettes voitures entourées de glaces permettant d'embrasser à la fois tous les alentours.

Si l'on ajoute que la Grande Roue est au milieu d'un jardin où des spectacles pour tous les goûts ont été savamment groupés pour en faire un séjour charmant, on doit conclure que cette réussite est au tout premier rang des choses indispensables à voir à Paris.

ATTRACTIONS

CINÉMATOGRAPHE

Derrière l'Opéra, à la salle Charras, vient d'être installée la reproduction, par le cinématographe, d'un spectacle le plus féerique et le plus passionnant qu'on puisse rêver. C'est, en vingt tableaux, la reconstitution des apparitions de la Vierge à Lourdes, des vues du Lourdes actuel, avec ses pélerinages, ses processions.

Ouvert de 2 heures à 11 heures. Entrée : 1 fr.

Cinématographe Lumière, 6, boulevard Saint-Denis. Entrée : 50 cent.

LE COMBAT NAVAL

Entre la porte des Ternes et la porte Maillot, reliée au centre de Paris par de nombreux moyens de communication, on a construit, toute en verre, une salle colossale qui peut contenir 6000 personnes, admirant le superbe décor de Jusseaume, qui représente, avec une saisissante vérité, une ville bâtie en amphithéâtre, avec ses forts, ses phares et au pied la mer immense... L'escadre, en rang de bataille, fait son entrée. Les navires sont armés et, après divers mouvements effectués en temps de paix, la guerre est déclarée ; la curiosité est vive... Nous assistons alors au spectacle le plus merveilleux qui se puisse voir. C'est dans une vraie mer — on peut le croire — que se meut cette escadre miniature. Les cuirassés, au milieu desquels nous reconnaissons le *Hoche*, le *Brennus*, le *Carnot*, défendent avec une vigueur peu commune l'entrée du port... Le branle-bas de combat a raisonné, les navires se sont rencontrés, les croiseurs ont coulé bas, les torpilleurs ont fait sauter les gardes-côtes, les quatre-mâts ont pris feu, les saintes-barbes ont éclaté... la ville se rend enfin, nos trois couleurs sont victorieuses...

Prix : Loges, 5 fr. la place ; Premières, 4 fr. ; Deuxiemes, 3 fr. ; Promenoir, 3 fr. ; Pourtour, 1 fr.

GRANDE ROUE DE PARIS

Avenue de Suffren, 74.

Ouverte tous les jours, de 11 h. à 6 h.

Entrée, 1 fr. — Ascension, 1 fr.

Les amateurs de sensations délicieuses viennent éprouver là le charme d'une ascension lente en ballon et d'une descente esquise, le tout sans secousse et sans bruit.

GUIGNOL

Les Parisiens croient posséder le vrai Guignol dans le théâtre en planches des Champs-Elysées, erreur ! Guignol est un type populaire, il est vrai, mais surtout local. Il n'est pas né sur les bords de la Seine, mais sur ceux du Rhône, il est lyonnais.

C'est aux Champs-Elysées, aux Tuileries et au Luxembourg que mamans et nourrices amènent à l'artiste en bois une clientèle nombreuse, d'autant plus facile à dérider qu'elle n'a pas encore de rides. On fait cercle autour du théâtre. Le prix des places est à la générosité des spectateurs. Il y a là des bonnes d'enfants en grand nombre et par conséquent des représentants de l'armée française et, à la faveur d'un entr'acte, le cœur d'une payse est souvent perforé d'une œillade assassine.

On doit à Guignol plus d'unions que les maires et adjoints des vingt arrondisssements de Paris et de la banlieue n'en ont soudé au nom de la loi.

Les directeurs des principaux Guignols sont :

MM. Carré, 70, rue d'Angoulême ; Hans, 11, rue de la Comète.

LILLIPUT

75, boulevard de Clichy.

Un ingénieur-mécanicien vient de reconstituer ce merveilleux pays de Gulliver. Cette ville s'étend sur une surface de 50 mètres ; les maisons et les palais sont en bois, bronze ou marbre sculptés et ciselés par des artistes de talent. Il ne s'agit point ici de marionnettes, d'ombres ou de fantoches aux gestes raides et désordonnés, mais de sujets animés par un miracle de mécanisme qui produit l'illusion de la vie.

Pour le prix modique de 50 ct., en voit 250 personnages, hauts de 10 centimètres, vivre, agir, se livrer à leur besogne quotidienne.

Des représentations ont lieu toutes les demi-heures, de 8 h. à 11 h. du soir ; des matinées ont lieu de 2 h. à 4 h., le jeudi et le dimanche.

PARIS EN 1400

La Cour des Miracles

Reconstituée, 100, avenue de Suffren.

Ouverte de 11 h. à 6 h., tous les jours.

Entrée, 1 fr., le vendredi, 2 fr.

Cette reconstitution si exacte d'un coin de Paris du moyen âge, avec ses tournois, cortèges royaux aux riches costumes, fait honneur au directeur de cette entreprise.

ROBERT-HOUDIN

Boulevard des Italiens, 6.

Illusions. Prestidigitation et attractions diverses.

Tous les soirs à 8 h. 1/2.

Avant-scène	Fr. 5 —	Fauteuils d'orchestre	Fr. 3.50
Fauteuils réservés	» 5 —	Balcon	» 3 —
Loges	» 4 —	Stalles	» 2 —

Location, 50 ct. en plus.

Jeudis, dimanches et fêtes, matinées à 2 h. 1/2.

TOUR EIFFEL

Ouverte de 11 h. à 4 h., au Champ de Mars

Prix des ascensions

Premier étage, semaine . Fr. 1 —	Dimanches et fêtes	. . Fr. 0.50
Deuxième »	»	» 1 —	»	» . . » 0.50
Troisième »	»	» 2 —	»	» . . » 1 —

Au 1er étage on trouve restaurants, cafés, bars et salle de spectacle et concert.

LE VIEUX-PARIS

Théatres, Concerts, Danses, Marionnettes, Escrime, Jeux, Illuminations, Auberges, Tavernes chantantes, Hôtelleries, Cafés, etc.

Cette reconstitution du vieux Paris, occupe un vaste emplacement, quai de Billy, en partie sur la berge et en partie sur la Seine, entre le pont de l'Alma et la passerelle jetée du Palais de la Guerre à la porte ouest du vieux Paris. Il déroule, sur 200 mètres environ, au bout du Cours la Reine, une longue file de monuments et d'édifices, véritable petite ville, divisée en trois quartiers principaux, sillonnés de rues et coupés de places diverses, effilant dans le ciel et réflétant dans le fleuve parisien une profusion de tours et tourelles, de clochers et de clochetons étagés par dessus les toits.

Ces trois quartiers sont :

Le quartier moyen âge, qui s'étend de la porte Saint-Michel (face au pont de l'Alma) jusqu'à l'église Saint-Julien-des-Ménétriers (XVe siècle).

Le quartier des Halles qui occupe le centre des constructions (XVIIIe siècle).

Le groupe formé par le Châtelet et le Pont au Change

(XVIIᵉ siècle), la rue de la Foire-St-Laurent (XVIIIᵉ siècle) et le Palais (Renaissance).

Le Paris des métiers et de la curiosité trouve là son expression exacte : on y voit le Paris des fleuristes, des lingères, gantières, dentelières, brodeuses, des spirituelles manieuses de l'aiguille et du crochet, le Paris des élégances et des grâces...

Le plaisir artistique, le théâtre, la musique, les danses, etc. sont répartis dans de vastes salles pouvant contenir 3000 personnes.

Parmi les cabarets et les tavernes, l'un des plus étonnants est l'Auberge des Nations, construite spécialement pour la Compagnie internationale des Grands Hôtels, et à laquelle est attaché un orchestre d'instrumentistes de premier ordre. C'est dans cette auberge que, pendant la durée de l'Exposition, *la Bodinière* (voir au chapitre Théâtres mondains, page 50) a transporté ses représentations, ainsi que les Concerts Colonne.

Prix d'entrée 1 fr.

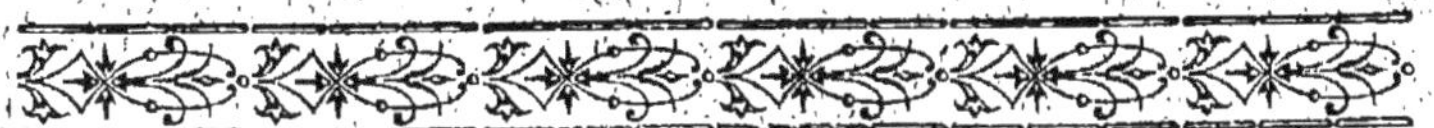

SALON

Sous le nom de *Salon* on désigne l'Exposition des
œuvres des artistes peintres, sculpteurs, architectes, etc.
qui, depuis 1863, a lieu chaque année du 1er mai au
30 juin.

De 1881 à 1889, le Salon était organisé par les soins
de la « Société des artistes français, » mais, à cette
époque, un conflit s'étant produit parmi ses membres,
une scission eut lieu. Les dissidents, représentant l'élé-
ment jeune et novateur, fondèrent, sous la présidence
de Meissonnier, la « Société nationale des beaux-arts. »

Depuis 1890, donc, chacune des Sociétés faisait son
Salon particulier, l'une aux Champs-Elysée, l'autre au
Champ-de-Mars ; mais lorsque les travaux de l'Exposition de 1900 nécessitèrent la démolition du Palais de
l'Industrie où se tenait l'un de ces deux salons, les deux
sociétés rivales eurent une heureuse entente, bien
vue du public qui en espère la continuation. Ce fut
l'organisation d'un Salon en quelque sorte unique,
puisque les deux se réunirent dans le Palais des

Machines, au Champ de Mars, avec entrée unique et prix unique : 1 franc toute la journée, de 8 heures à 6 heures. Le premier dimanche d'ouverture l'entrée est de 2 francs jusqu'à midi et de 1 franc de midi à 6 heures.

Les autres dimanches, 1 franc jusqu'à midi, et 50 centimes de midi à 6 heures.

Carte d'abonnement pour la durée du Salon (du 1er au 30 juin) : 30 francs.

En 1900, l'installation a dû se faire en dehors de l'Exposition, avenue de Breteuil.

La veille de l'ouverture, une sorte de répétition générale, autrefois réservée aux artistes, a lieu sous le nom de *vernissage*, avec entrée payante de 10 francs.

La journée de vernissage n'est point consacrée à la peinture, elle est plutôt une journée de triomphe pour les mondaines et les grands couturiers ; elle est, en son genre, une autre exposition d'art fugitif et charmant.

On va au vernissage tout d'abord pour ce snobisme particulier à l'esprit des Parisiens qui leur fait souhaiter avec fureur d'aller là où on arrive avant les autres, et ensuite pour le désir de se montrer et de voir ceux qui se montrent. Nombre de femmes sont ravies d'étaler leurs toilettes de printemps, mais beaucoup d'hommes ne sont pas moins enchantés d'entendre les passants dire leur nom, si bien que cette prétendue fête de l'art est surtout la fête de la vanité mondaine. Toute la société select s'y donne rendez-vous, on y rencontre des groupes très mondains, très élégants, des belles dames, des comédiennes en vogue, des demi-mondaines avec leurs toilettes sensationelles.

Si l'on en croit les journaux, le vernissage de l'année 1899, qui tombait un dimanche, a vu défiler plus de 40.000 personnes.

Le Réveil, par Glaize.

Depuis l'*Exposition des Refusés*, que firent en 1862 quelques artistes dont les œuvres ne purent être admises au Salon officiel, chaque année a vu se continuer ces petits salons artistiques organisés par des mécontents, des originaux ou des amateurs. Beaucoup n'ont eu qu'une durée ephémère, mais plusieurs ont survécu parce qu'ils répondent à un besoin.

C'est ainsi que les amateurs peuvent visiter *librement, sans prix d'entrée :* les expositions de peinture organisées dans les galeries Durand-Ruel, 16, rue Laffitte ; les orientalistes, dans les mêmes galeries ; les peintres graveurs, à la galerie Vollard, 6, rue Laffite et les diverses expositions de la Bodinière, 20, rue Saint-Lazare.

Avec une carte d'invitation on a accès : aux Mirlitons (Cercle de l'Union artistique), rue Boissy-d'Anglas ;

au Cercle Volney, rue Volney, qui exposent en février les œuvres des membres du Cercle ;

à l'Exposition des Femmes-peintres et sculpteurs qui ne met sous les yeux du public (en février) que les œuvres exécutées par des femmes.

Du 1er au 15 janvier, les Femmes-artistes exposent dans la galerie G. Petit, 8, rue de Sèze, et sont remplacées, du 15 au 31 janvier, par les Miniaturistes et les Enlumineurs.

Aux Indépendants, qui exposent en mai au Palais de Glace des Champs-Elysées.

Aux Impressionnistes et Symbolistes, dans la galerie Le Barc de Bouteville, 47, rue Lepelletier.

A l'Art nouveau (appliqué à l'Industrie) galerie Bing, 22, rue de Provence.

Un prix de 1 fr. est perçu à l'entrée des petits salons suivants :

Société des Aquarellistes français (en avril) ; ⎰ Galerie
Les Pastellistes (en avril) ;   ⎱ G.-Petit
Exposition internationale (en décembre),   8, rue de
Salon des Cent, 31, rue Bonaparte.   Sèze.

Diverses autres expositions attirent encore le public mondain et élégant, et bien qu'elles soient de courte durée, nous croyons devoir les signaler à cause de leur caractère spécial et aussi pour être complet.

EXPOSITION CANINE

Organisée par la Société centrale pour l'amélioration des races de chiens en France, sous la présidence du Prince de Wagram, 40, rue des Mathurins, cette exposition a lieu chaque année, dans le courant de mai, à la Terrasse de l'Orangerie, au Jardin des Tuileries.

C'est une petite fête bruyante, mais charmante. On y voit de jolies femmes en toilettes claires et légères et coiffées de chapeaux fleuris, et l'on coudoie des piqueurs bottés et casqués, le fouet en main.

On y entend les aboiements les plus divers, depuis le hurlement aigre et rageur du roquet jusqu'au tonnerre du molosse, en passant par les plaintes déchirantes des setters. Des sonneries de trompes augmentent encore, toutes les cinq minutes, cette aimable cacophonie, mais quand le ciel est beau, que le soleil rayonne, que les arbres verdissent, on trouve ce charivari délicieux.

Entrée : 1 franc.

La Société d'horticulture de France, rue de Grenelle, 84, organise tous les ans deux grandes expositions très fréquentées : l'*Exposition d'horticulture* qui comprenp les produits de l'horticulture et les objets de décoration des parcs et jardins et qui a lieu dans la seconde quinzaine de mai, et l'*Exposition des Chrysanthèmes et des fruits* qui a lieu dans la première quinzaine de novembre. Cette dernière, fort remarquable, voit défiler le Tout Paris devant ses fleurs originales et magnifiques.

Pour chacune de ces expositions le prix d'entrée et de 1 franc.

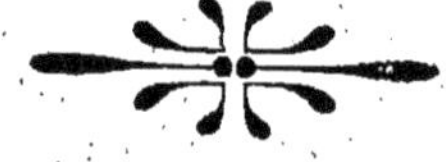

Panoramas et Dioramas

Le genre de spectacle connu sous le nom de Panorama s'est assez répandu depuis une vingtaine d'années
et il n'est guère, en France et à l'étranger, de villes
importantes qui n'en compte un ou plusieurs.

Lors de l'Exposition de 1889 ont en vit s'élever à
Paris plusieurs, aujourd'hui disparus, mais on y trouve
encore :

Le *Panorama de la Bastille,* installé au bout du pont
d'Austerlitz, sur la rive droite de la Seine et qui montre
toutes les phases de la prise de la célèbre prison.

Dans le même établissement a été créée une galerie
spéciale donnant le spectacle des tortures et des sup-
plices appliqués dans tous les temps aux malheureux
prisonniers.

Le prix d'entrée pour chacun de ces panoramas est
de 1 fr. la semaine et 50 cent. le dimanche.

L'ouverture a lieu à 9 heures la semaine et 8 heures
le dimanche.

Le *Diorama de Jérusalem* est situé à l'angle de la rue
Lamark et de la rue de la Barre, sur la butte Mont-

martre, derrière l'église du Sacré-Cœur. On y voit, avec une illusion complète de la nature, Jérusalem et ses environs pendant le pélerinage français au mont de l'Ascension, en 1886. Le spectateur est placé sur une tertre, au pied du mont des Oliviers et peut se croire transporté au milieu des nombreux pélerins qui s'avancent sur les premiers plans.

Ouvert tous les jours de 8 h. 1/2 du matin à 7 heures du soir. — Entrées : 1 fr.; les dimanches, jeudis et fêtes : 50 centimes.

Panorama d'Iéna. M. Poilpot, l'artiste si connu, vient d'établir au boulevard Delessert, à Passy, le panorama de la célèbre bataille d'Iéna. Tout est d'un mouvement inouï; les chevaux surtout sont là, pris sur le vif, galopant en une charge furieuse, faisant face aux spectateurs, fonçant dessus, l'épée haute, Murat en tête, tout chamarré d'or. A peine arrivé sous le velum, au centre même du panorama, l'illusion optique se saisit du spectateur d'une façon d'autant plus brusque qu'elle se complique d'une réelle sensation de plein air,

Entrée : 1 franc.

CONCOURS HIPPIQUE

Fondé en 1866 par la Société hippique française, dont le siège social est Avenue Montaigne, 33, ce concours a pour but de favoriser et de développer l'emploi du cheval de service produit en France. A titre d'encouragement, il distribue chaque année de 1700 à 1800 primes, représentant une valeur de 300.000 fr. Il dure 20 jours, dans le courant d'avril, dans le Palais des machines, au Champ-de-Mars. En 1900, il a lieu avenue de Breteuil, à cause de l'Exposition.

Les épreuves sont faites sur une piste de 200 mètres environ, et quelques-unes comportent des sauts d'obstacles.

Les chevaux sont montés par des gentlemens portant l'habit rouge, la culotte blanche, les bottes et le chapeau haute forme et le bouton d'un équipage de chasse à courre connu.

Le nombre des engagements atteint de trois à quatre cents chevaux.

Les prix d'entrée au concours sont les suivants :

70 francs la carte d'abonné, donnant droit à deux cartes permanentes pour dame ou enfant.

Pour une réunion, 5 fr. — Entrée libre pour les officiers en tenue.

Le concours hippique est un événement mondain, s'il en fut. Le spectacle a beau être immuablement le même, le *high life* ne manquerait pour rien cette solennité sportive. Il est vrai qu'en dehors des incidents classiques, amusants ou dramatiques auxquels donnent lieu les épreuves, il y a une foule d'autres menues attractions qui ont bien leur saveur. On s'y retrouve, on s'y examine, on y papote, on se raconte, avec abondance de détails peu charitables, les petits scandales mondains... Puis, quel champ d'études curieuses, depuis les intrigues qui se nouent et se déroulent d'une façon plus ou moins discrète, jusqu'à l'inspection très intéressante des nouvelles toilettes des dames du monde et du demi-monde ! Aussi, le concours hippique est-il le cadre par excellence où s'exhibent les plus récentes créations de nos grands couturiers.

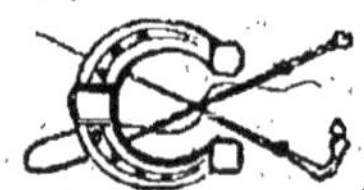

Steeple - Chase (mur en terre).

(Cliché de l'I. M.)

VÉLODROMES

Le sport vélocipédique, dont le développement a été si intense en ces dernières années, a, comme tous les sports, donné lieu a des luttes de vitesse.

Deux sortes de courses furent créées : sur piste et sur route, avec ou sans entraîneurs, et subdvisées en courses de vitesse et en courses de fond.

Les courses sur piste ont lieu sur un *Vélodrome*, vaste enceinte, composée d'une pelouse entourée d'une piste en ciment, en bois ou en liège, en forme de cuvette à virages relevés de façon à combattre la force centrifuge et mesurant une fraction exacte de kilomètres.

Le public se tient en dehors de la piste de laquelle le sépare des barrières. Assez généralement, des tribunes sont élevées en face du poteau d'arrivée.

Ces courses, qui attirent tous les sportsmans et de très élégantes sportwomens, exictent aujourd'hui la passion des joueurs autant que les courses de chevaux, et des paris considérables y sont engagés.

Les vélodromes les mieux installés et fréquentés sont les snivants :

Vélodrome d'Aulnay-les-Bondy (Seine-et-Oise), Place du Marché. On s'y rend par le chemin de fer du Nord. Prix : 0,75, 1,15, 1,70.

Vélodrome de Choisy-le-Roi, en face la gare sur la rive opposée de la Seine. On s'y rend par le chemin de fer d'Orléans. Prix : 0,50, 0,65, 1,10.

Vélodrome de Montfermeil-Franceville, aux Sept-Iles, à Montfermeil (Seine-et-Oise). On s'y rend par le chemin de fer de l'Est et par le tramway de Raincy. Prix : 0,80, 1,15, 1,65.

Vélodrome du Parc des Princes, à Auteuil. Piste de 666 m. 66. Grandes courses cyclistes tous les dimanches à 2 h. 1/2 depuis le 15 mars jusqu'au 15 novembre.
Prix des places : Loges (6 places), 7 fr. la place. — Pesage, 5 fr. — Premières, 3 fr. — Secondes, 2 fr. — Troisièmes, 1 fr. — Moyens de communication : Trains de ceinture et de St-Lazare (descendre à la gare d'Auteuil); tramways Louvre-Saint-Cloud et Louvre-Versailles. Omnibus : Auteuil-Saint-Sulpice, Boulogne-Auteuil. Bateaux-mouche (descendre au Point-du-Jour).

Vélodrome de la Seine, rue de Courcelle à Neuilly, près de la Seine. Piste de 500 mètres. On s'y rend par le chemin de fer de l'Ouest a Saint-Lazare) par Asnières, et par le tramway.

Piste municipale, Avenue de Graville, près la Porte de Charenton. Cette piste est réservée le dimanche aux Courses des Sociétés de Paris.

Location : Matinée, 10 fr. ; après-midi, 25 fr.

Entraînement : par an, 25 fr. ; par mois, 5 fr. pour les membres de sociétés reconnues et autorisées.

Entrée : le jeudi, 50 centimes.

L'accès du pourtour est libre pour les promeneurs.

Chaque année, dans le courant de juin, est couru le *Grand Prix du Conseil municipal* (10,000 fr.).

COURSES

La *Société d'encouragement pour l'amélioration de la race chevaline en France* donne annuellement 33 journées de courses, dont 23 à Paris, 8 à Chantilly et 2 à Fontainebleau, et distribue pour près de trois millions de prix.

La *Société des steeple-chases* donne sur le terrain d'Auteuil diverses courses, dont les plus remarquables sont la grande course de haies et le grand steeple-chase de Paris et distribue pour plus d'un million de prix.

La *Société d'encouragement du cheval de 1/2 sang* a son siège à Caen et Paris, son hippodrome est Vincennes.

La *Société du sport de France* a fait ses débuts en 1888 à Fontainebleau.

Enfin, les Sociétés des hippodromes suburbains donnent des courses dans la banlieue de Paris, ailleurs qu'à Auteuil, Vincennes et Longchamp. Ce sont les courses de Saint-Ouen, de Maisons-Laffitte, de Lamarche, de Colombes, de Saint-Germain et d'Enghien. L'hippodrome de Saint-Ouen est le plus important.

Par cet exposé, on voit que les courses n'ont été créées que pour encourager l'amélioration du cheval. Cette idée a pu être dominante au début, mais il faut bien reconnaître aujourd'hui que l'intérêt de ces courses réside tout autre part : dans le jeu. Elles donnent lieu à des paris considérables et les centaines de mille de spectateurs qui les fréquentent se soucient comme d'une guigne de l'amélioration du cheval. L'importance des paris le montre mieux que tout. Plus de 200 millions ont été engagés en 1899.

Ces courses ont lieu de février à novembre, et chaque jour, pendant cette période, d'énormes chars à bancs à cinq ou six chevaux, connus sous le nom de « Paulines », vont recueillir sur les boulevards et dans les principaux cafés de Paris les nombreux parieurs disposés à se rendre aux épreuves du jour (Prix : un franc.

Plusieurs journaux spéciaux donnent d'avance les détails et les prévisions.

Un prix d'entré (variable suivant les hippodromes) est perçu à l'arrivée sur la pelouse et au pesage.

C'est dans l'enceinte du pesage que se réunissent les habitués des courses, les propriétaires de chevaux, les entraîneurs et enfin les parieurs les plus acharnés. C'est là que s'établit la bourse des chevaux et que circulent les nouvelles qui peuvent intéresser les sportsmans.

Voici les principaux hippodromes des sociétés désignées ci-dessus :

Auteuil. — Bois de Boulogne. Moyens de transports : Chemins de fer de ceinture, bateaux parisiens, voitures de courses.

Réunion de printemps, d'été et d'automne. C'est pendant celle d'été, en juin, que sont courus le grand steeple-chase de Paris et les grandes courses de haies.

Longchamp. — Bois de Boulogne. Moyens de transport : Chemins de fer de l'Ouest (St-Lazare), bateaux parisiens et voitures de courses.

Réunions de printemps, d'été et d'automne. C'est pendant celle d'été, en juin, qu'est couru le Grand-Prix de Paris (100,000 fr.) et celui d'automne, le Grand-Prix du Conseil municipal, en octobre.

Chantilly (Oise). — Chemin de fer du Nord. Réunions de printemps en mai, et d'automne en octobre.

Maisons-Laffitte (Seine-et-Oise). — Chemin de fer de l'Ouest (Saint-Lazare).

Réunions de mars à mai et de juillet à septembre.

Saint-Ouen (Seine). — Chemin de fer du Nord, tramways et voitures de courses.

25 réunions, de mars à juillet et de septembre à novembre.

Le prix le plus important de Saint-Ouen est le steeple-chase de trois ans (20,000 fr.) qui est couru au mois d'octobre.

Enghien (Seine-et-Oise). — Chemin de fer du Nord et chemin de fer de l'Ouest (Saint-Lazare).

16 réunions, de mars à juillet et de septembre à décembre.

Le prix le plus important est le steeple-chase annuel d'Enghien, de quatre ans et au-dessus (25,000 fr.) qui est couru en mai.

Colombes (Seine. — Chemin de fer de l'Ouest (Saint-Lazare).

24 réunions, de mars à juillet et de septembre à novembre.

Vincennes (Seine). — Chemin de fer de l'Est (gare de la Bastille), tramways et voitures de courses.

Courses au trot, plates et d'obstacles.

Neuilly-Levallois. — Chemin de fer de l'Ouest (Saint-Lazare) par Asnières, et tramways.

20 réunions, dont les plus intéressantes ont lieu en avril et novembre.

Tous ces hippodromes sont fréquentés par un public nombreux qui s'y rend ou pour jouer, ou par mode. Car, en dehors même des gens qui font de la piste le tapis vert d'un tripot que le gouvernement protège et qui en a le monopole, la mode veut qu'on paraisse s'intéresser aux chevaux, et Paris est plein d'hommes et de femmes qui en parlent dans un ridicule jargon. Rien de plus curieux que ce public sur la pelouse, toujours à la piste de « bons tuyaux » (souvent crevés) faisant queue aux guichets du pari mutuel et attendant avec anxiété le coup de cloche qui annonce l'écriteau de chance ou de déveine.

Le Grand-Prix de Paris, couru en juin à Longchamp, est l'événement parisien le plus important de la saison. Tout Paris s'y rend, mais en revient quelquefois difficilement, les moyens de transport étant envahis par la foule et les cochers devenus forts exigeants. Le Grand-Prix de Paris a un préjugé tel, qu'il est pour les Parisiens, une date, un jour de fête générale qui devient nationale lorsque la course est gagnée par un cheval français.

Le snobisme, ou plutôt la légende, veut que ce jour soit le signal du départ de la société parisienne pour la campagne, les eaux ou la mer. C'est une exagération.

PATINAGE

Un genre ou prétexte de divertissement à la mode depuis quelques années est celui du patinage,

Vers l'année 1876, le patin à roulettes, jusqu'ici négligé, prit à Paris un essor inconnu grâce à ceux qu'on appelle des gommeux et à leurs compagnes habituelles.

L'ère brillante des skatings'rings s'ouvrit enfin et plusieurs de ces établissements spéciaux furent créés, dont le plus brillant était le Skating Palais de l'Avenue de Boulogne, aujourd'hui disparu.

Malgrès les insuccès, la mode a persisté en substituant au patin à roulettes le patin ordinaire depuis que la science a trouvé le moyen d'établir une piste de vraie glace.

Deux établissements, éblouissants de luxe, se disputaient jusqu'ici la clientèle joyeuse et élégante de demi et quart de mondaines venant chercher là de galants cavaliers pour tracer adroitement leurs arabesques, mais le *Pôle Nord* vient de fermer ses portes, il ne reste donc plus en ce moment que le *Palais de Glace* aux Champs-Elysées, et encore celui-ci vient-il de se transformer quelque peu pour la durée de l'Exposition. Est ouvert :

Le *Palais de Glace* aux champs-Elysées, avec un ochestre de 40 musiciens est ouvert :

De 9 heures à midi : 3 francs ;
De 2 heures à 7 heures : 5 francs ;
De 9 heures à minuit : 3 francs.

Les dimanches et fêtes, 3 francs chaque séance.

CONCOURS GÉNÉRAL AGRICOLE

Institué et organisé par le ministère de l'Agriculture, ce concours a pour but d'encourager la production des animaux destinés à la boucherie et à l'élevage et de favoriser le perfectionnement des races.

Il a lieu à la Galerie des Machines, au Champ-de-Mars, pendant la semaine qui suit celle du Carnaval.

Les produits de l'agriculture française, des colonies et des pays de protectorat y sont seuls admis. On y voit les animaux de boucherie des espèces bovines, ovines et porcines, volailles vivantes et mortes, produits et semences, instruments, machines et appareils agricoles.

Les dames s'intéressant peu à la reproduction, ce concours est surtout visité par des éleveurs, fermiers et propriétaires venus principalement des régions d'élevage avec l'intention de passer huit jours agréables à Paris.

Le pix d'entrée est de 1 franc.

MUSÉES DE CIRE

Musée Grévin, boulevard Montmartre, 10, ouvert de 1 heure à 11 heures le soir.

Figures de cire, Célébrités contemporaines et scènes historiques, le Gouvernement du Tzar, les coulisses de l'Opéra, Madagascar, Panorama de Tananarive, les sacrifices humains au Dahomey, les pantomimes lumineuses, les rayons X.

Orchestre de dames hongroises.

Entrées : 2 francs ; le dimanche, 1 franc ; enfants et militaires paient moitié prix.

Musée de la Porte Saint-Denis, au numéro 8 du boulevard Bonne-Nouvelle. Ouvert tous les jours de midi à minuit. Sans augmentation de prix on assiste à des expériences avec les rayons X et à des expériences de cinématographe.

Entrée : 50 centimes. Enfants et militaires, 25 cent.

Nouveau Musée, 14, boulevard Saint-Martin. Figures de cire, Actualités. Ouvert de midi à minuit.

Entrée : 50 centimes.

Musée Mombur, Avenue de La Motte-Piquet, 47. Les scènes d'actualité sont représentées par des sujets artistiques qui donnent l'illusion complète de la vie. Ouvert de dix heures du matin à minuit.

Entrée : 1 franc.

Fêtes Foraines

La multiplicité des fêtes foraines à Paris, où elles ne cessent sur un point que pour renaître immédiatement sur un autre, a donné lieu à des plaintes de la part des habitants de certains quartiers trop favorisés.

Le Comité d'hygiène et de salubrité de la Seine étudia bien la question, fit même une enquête et un rapport contraire au maintien de ces fêtes. Il s'appuyait sur les émanations malsaines qui résultent de l'accumulation sur un même point des saltinbanques, des fauves, des chevaux, etc., sur le bruit que font ces fêtes et qui empêchent les voisins de dormir avant une heure avancée de la nuit, enfin les dégâts que leur installation entraîne pour les promenades et leurs arbres.

Sur ce rapport, le Conseil municipal décida que les fêtes foraines cesseraient à partir du mois de mai 1887, à l'exception de la foire aux pains d'épices et la foire aux jambons. Mais la Chambre syndicale des marchands forains répondit par un mémoire réfutant le rapport de la commission et, malgré la décision du Conseil, les fêtes foraines continuèrent à Paris comme par le passé.

Dans ces fêtes foraines on trouve un peu de tout : des ménageries dont l'intérêt réside surtout dans les émotions que fait naître le dompteur en entrant dans la cage des fauves. Depuis quelques années on voit de jeunes dompteuses s'exercer, sans hésitation, à ce dangereux métier et fasciner lions et tigres sous les feux de leurs prunelles, comme elles le font des hommes. Aussi, ces établissements ont-ils une clientèle nombreuse d'amateurs et de névrosés.

Des théâtres de tout genre, dont quelques-uns confortablement installés, des cirques, des jeux de hasard, le plus souvent truqués, jouissent de la faveur populaire.

Les arènes athlétiques, les lutteurs attirent le sexe faible, amateur de biceps, et chaque année la fête de Neuilly donne lieu à des aventures toujours bruyantes dans le monde galant.

De riches et importants manèges accaparent de plus en plus ces fêtes et semblent fort goûtés. Les cochons de bois, importés en 1898 à la foire aux pains d'épices, tendent à remplacer comme monture « la plus noble conquête que l'homme ait jamais faite. »

Est-ce parce que, comme l'a dit Monselet, chacun de nous porte en soi un semblable animal et que cela détermine une attraction, nous l'ignorons, mais, si l'on en juge par l'entrain avec lequel les jeunes filles surtout s'élancent sur le dos de ces *frères*, il faut croire qu'elles éprouvent de bien singulières sensations, malgré — ou peut-être à cause de cela — la secousse intermittente que ces cochons donnent dans leur course. Aussi, est-ce autour de ces manèges que ce manifeste la joie la plus folle et la plus turbulente et les désirs les plus vifs.

Et, en attendant que toute l'arche de Noé y passe, sont venus depuis : les vaches, les chats, les lapins, ceux-ci galopant trois par trois en mordant sournoisement un énorme louis d'or et tenant les oreilles droites, et droite aussi la queue enrubannée.

Et sur tous la foule se rue..., des paillons luisent, des jupes s'envolent, des têtes se renversent, des animaux se cabrent, c'est un vertige. C'est une chevauchée de garçons et de filles, les uns gouaillant les autres délirant. Que de chatouilles, que de bras éperdus, que de rires, que de virginités compromises !

Les somnambules, plus ou moins lucides, n'étant plus autorisées à faire leurs offres de service, sont remplacées aujourd'hui par des femmes électriques, naines ou colosses, des androgynes et hermaphrodites, ou monstruosités quelconques, toujours « visibles pour les hommes seulement » comme l'annonce l'écriteau à l'entrée. Ces spectacles sont en général peu intéressants et peuvent tout au plus éveiller les sens des éphèbes.

Voici la nommenclature de ces fêtes avec les dates et lieux auxquels elles se tiennent :

Fête nationale, dans tout Paris, du 12 au 15 juillet.

Foire aux jambons, boulevard Richard Lenoir, les mardi, mercredi et jeudi avant Pâques.

Foire aux pains d'épice, place de la Nation, pendant quinze jours à partir du dimanche de Pâques.

Foire de Neuilly, avenue de Neuilly, pendant trois semaines, du deuxième dimanche de juin au premier dimanche de juillet.

Fête des Loges, dans la forêt de Saint-Germain, pendant dix jours, depuis le premier dimanche après le 25 août.

Fête de St-Cloud, dans le parc de St-Cloud, pendant cinq semaines à partir du premier dimanche de septembre.

VIIe arrond¹ ; Fête des Invalides, sur l'Esplanade, du 15 mai au 6 juin.

Xe   »   Boulevards de la Villette et de la Chapelle, du 5 au 19 septembre.

XI⁰ arrond! ; Boulevard Richard Lenoir, du 17 octobre au 1ᵉʳ novembre.

XII⁰   »   Avenue Daumesnil, du 6 au 21 février,
et place de la Nation, du 26 septembre
au 11 octobre.

XIII⁰   »   Place d'Italie, du 28 novembre au 13 décembre ; porte d'Italie, du 19 décem-
bre au 9 janvier.

XIV⁰   »   Boulevard Brune, du 15 mai au 6 juin ;
Avenues de Montsouris et Reille, du
12 au 27 juin. Lion de Belfort, du
du 26 septembre au 11 octobre.

XV⁰   »   Boulevards de Vaugirard et de Grenelle,
du 24 mars au 4 avril ; rue St-Charles,
boulevard Lefebvre et boulevard de
Grenelle, du 5 au 19 septembre.

XVI⁰   »   Avenue de Versailles, du 17 au 31 janvier.

XVII⁰   »   Square des Epinettes, du 12 au 27 juin.

XVIII⁰   »   Boulevard Ney, du 24 mars au 4 avril ;
rue de la Chapelle, du 12 au 27 juin ;
rue Leibnitz, du 26 septembre au 11
octobre ; boulevards Rochechouard
et de la Chapelle, du 7 au 22 novembre.

XIX⁰   »   Boulevard de la Villette, du 27 février
au 14 mars ; place Armand Carrel,
du 15 mai au 6 juin ; rue de Flandre,
du 26 septembre au 11 octobre ; place
des Fêtes, du 28 nov. au 13 déc.

XX⁰   »   Boulevard Ménilmontant, du 24 mars
au 4 avril ; place des Rigolles, du
17 octobre au 1ᵉʳ novembre ; boulevards de Ménilmontant et de Belleville, du 29 décembre au 9 janvier.

PROMENADES

Par un beau temps, la promenade la plus agréable à faire est certainement celle du Bois, comme on appelle couramment le Bois de Boulogne qui est, sans contredit, l'un des plus beaux parcs du monde.

Les allées les plus fréquentées sont celle des Acacias, qui mène de l'avenue du Bois aux Lacs, et celle de Longchamp. A partir de trois heures, les équipages du « Tout Paris » s'y succèdent sans interruption, et quelquefois en si grand nombre, qu'ils sont obligés d'aller au pas et à la file, ce qui, d'ailleurs ne déplaît nullement aux promeneurs, car là se rencontrent les plus riches attelages et les toilettes les plus élégantes.

Pour bien des gens, le Bois est un lieu de parade : ils y vont pour voir et pour être vus.

Le Bois de Boulogne comprend les hippodromes de Longchamp et d'Auteuil, et le magnifique Jardin d'acclimatation qui renferme de remarquables collections d'animaux vivants.

Ce jardin est ouvert tous les jours au public moyennant un prix d'entrée de 1 franc. (Le dimanche, 50 centimes.

Les principaux établissements du Bois de Boulogne sont : le Pavillon Chinois, le Pavillon d'Armenonville, le Café du Touring-Club, le Café de la Cascade, le Chalet des Cycles, la Laiterie du Pré-Catelan, le Restaurant de Madrid, le Pavillon Royal, au bord du grand lac.

Si l'on désire faire une promenade sur le grand lac, des bateaux sont à la disposition du public aux conditions suivantes :

    2 fr. l'heure pour 1, 2 ou 3 personnes.
    3 fr.   »   » 4, 5 ou 6   »
    0.50 par personne et par heure pour plus de 6.

Avec un batelier accompagnant, ce sont les mêmes prix, *mais par demi-heure.*

Plus naturel est le *Bois de Vincennes,* parc splendide, avec quelques sites sauvages, dont l'entretien en fait l'égal du précédent. En dépit des rondes d'agents et la surveillance des gardes, les rôdeurs et les rôdeuses s'y trouvent, la nuit, plus en sûreté que dans le Bois de Boulogne.

Le Bois de Vincennes comprend l'hippodrome de Vincennes, la piste vélocipédique municipale, un polygone militaire, les lacs Daumesnil et Saint-Mandé.

Dans l'intérieur de Paris on compte quatre grands parcs :

L'artistique et poétique parc Monceau, le parc Montsouris, gentiment pittoresque, le parc du Trocadéro, de peu d'étendue et plutôt jardin, et le parc des Buttes-Chaumont. La création de celui-ci, établi sur l'emplacement de l'ancienne voierie de Montfaucon, de sinistre mémoire, a été un véritable tour de force, et fait de ce parc le plus curieux de Paris.

Outre ces parcs, Paris renferme une cinquantaine de squares et plus de trente emplacements plus ou moins disposés en parcs ou jardins, sans parler des deux fleuristes de la Muette et d'Auteuil.

Sous les Saules, par Franc Lamy.

Les Champs-Elysées, dont l'avenue enviée des autres capitales est unique au monde, voient dans l'après-midi d'innombrables équipages, surtout aux heures d'aller et de retour du Bois.

Les soirs d'été, les concerts attirent un public de plaisir qui ne doit s'aventurer qu'à bon escient dans les endroits écartés des promenades fréquentés par des jeunes gens dont la tournure équivoque suffit à indiquer la profession. Malgré la surveillance dont ces lieux sont entourés, il n'est pas rare que quelque déséquilibré se laisse entraîner par ces *petits jésus* qui sont également des maîtres chanteurs.

Le *Jardin des Plantes*, avec sa ménagerie, fait toujours les délices des bonnes d'enfants et des militaires.

Le magnifique *Jardin du Luxembourg*, consacré depuis quelques années aux poëtes et aux muses diverses, est le rendez-vous de prédilection des étudiants et étudiantes, et enfin le *Jardin des Tuileries* reste l'apanage des enfants.

Dans ces deux derniers, des emplacements spéciaux sont réservés pour les jeux de balle, de law-tennis, etc., et dans tous les musiques militaires se font entendre pendant l'été.

Bien que les Passages couverts, surtout ceux aboutissant aux grands boulevards, les galeries du Palais-Royal, de la rue de Rivoli, ne soient pas des lieux de promenade, nous les citons pour être complet, parce qu'ils sont envahis par la foule en cas de pluie. Tous anciens, d'ailleurs, aucun d'eux n'a, comme construction, l'importance des passages plus modernes de Milan, Bruxelles et Berlin. Plusieurs même deviennent déserts en temps ordinaire, et l'on n'y rencontre guère que quelques flâneurs isolés, arrêtés à l'étalage de magasins à louche apparence, derrière la vitrine desquels de jolies vendeuses de gants, de parfumerie ou d'autres articles, semblent attendre la clientèle.

Ces divers lieux de promenades étant toujours sillonnés d'oisifs et d'oisives, il n'est donc pas rare de nouer là quelque aventure, car dans les parcs et jardins, la prostitution s'exerce au grand jour.

Si le flâneur se sent en disposition de répondre aux avances qui lui sont faites, parfois discrètement, c'est le moment pour lui d'avoir du flair et de se souvenir du proverbe qui dit : « Quand l'amour vous tient, adieu prudence.» Ce proverbe pourra d'ailleurs se présenter à l'esprit du promeneur dans tous les établissements désignés dans ces pages, puisque dans tous y fréquente la femme trafiquant de son corps.

Il faut bien reconnaître que la prostitution est, dans notre société, une plaie nécessaire, puisque jamais, nulle part ni en aucun temps, elle n'a pu être supprimée, le paupérisme qui la crée étant indestructible.

Néanmoins, il est certain que l'autorité ne réagit pas suffisamment contre la prostitution clandestine qui s'étale honteusement dans les rues, dans les restaurants de nuit, dans les brasseries, etc.

Ainsi, dans tous les jardins publics ne voit-on pas, dès l'ouverture pour ainsi dire, des persilleuses opérer par tous les temps, sous l'œil paterne des gardiens? Les unes sont des pierreuses des boulevards extérieurs, mais les autres appartiennent à tous les mondes. A l'heure de la musique, elles retrouvent là leur clientèle de fonctionnaires retraités, de vieux rentiers.

Et dans la rue, dès le matin, ne voit-on pas aux Halles, vers huit heures, au moment où l'on déblaie le carreau et au fur et à mesure que le trottoir devient libre, circuler isolément des femmes en cheveux, généralement vêtues de noir, bien chaussées, le bas bien tiré, souvent jeunes, un panier sous le bras ? Elles font les cent pas, jetant leurs filets entre les rues Pierre-Lescot et Vauvilliers. Si l'homme se laisse tenter par la modicité du prix et par la tournure de la fille, celle-ci marche en avant pour indiquer le chemin à son client qu'elle entraîne dans l'un des bouges infects qui avoisinent les Halles et qui se trouvent principalement dans les maisons situées entre les rues Saint-Denis, Montmartre, Turbigo et Rambuteau.

Dans la journée, que ne voit-on pas sur les grands boulevards mêmes, dans les rues qui y aboutissent et dans certaines autres comme les rues Lamartine, de Provence, Laferrière, Poinsot, etc. ? Aux gares et principalement à la gare Saint-Lazare ?

Enfin, quand arrive le soir, Sylvain, rue Halévy, le café Américain, boulevard des Capucines, Julien, en face l'Américain, la Maison Dorée, boulevard des Italiens, établissements ouverts toute la nuit, voient le dessus du panier des prostituées, « les filles de cinq louis ».

D'autres établissements sont fréquentés par des filles d'un ordre moins relevé, qui font le raccrochage sur une grande échelle. La brasserie Fontaine, dans la rue du même nom ; le Café des Princes, boulevard Montmartre et autres brasseries des boulevards ; la Capitale, boulevard de Strasbourg ; le d'Harcourt, boulevard Saint-Michel, ont une clientèle nombreuse encore à deux heures du matin. Souvent on y rencontre depuis la bonne crasseuse, débutante, qui a les mains gercées par l'eau de vaisselle, jusqu'à la vieille garde roublarde.

Quelques-uns de ces cafés et brasseries, ainsi que les jardins et galeries du Palais-Royal, les Tuileries, le passage Jouffroy et les abords des grands hôtels sont fréquentés par des jeunes gens de 15 à 16, ans qui font une concurrence sérieuse aux filles. Vêtus généralement d'une jaquette courte, d'un pantalon collant, avec chemise très blanche à col rabattu dégageant le cou, les cheveux pommadés et les yeux maquillés, ils sont faciles à reconnaître, et leur démarche particulière suffit à les désigner aux passants.

Nous croyons donc que l'administration pourrait mettre un frein à ce scandale de la rue, même avec les moyens qu'elle possède.

Maisons de Femmes

N'est-ce pas dans ce but qu'a été autorisée la création de ces maisons spéciales, ces couvents qui sont, dit-on, la sauvegarde de l'hygiène et de la morale publiques ?

Ces maisons closes étaient autrefois fort nombreuses à Paris, mais la licence que nous venons d'exposer, augmentée de la fondation des brasseries de femmes et des salons de massage, l'installation de cabinets de manucures et de pédicures, en un mot, les facilités pour la femme de trouver *un client*, ont amené la disparition de beaucoup de ces maisons. On peut même prévoir que, dans une période relativement courte, les seuls établissements luxueux résisteront à la décroissance continue de ces débits d'amour.

Les mieux tenus et les plus confortables sont ceux des Ier, IIe et IXe arrondissements, qui détiennent également le record du nombre.

Ier, rue Thérèse, 11 ; rue du Pélican, 7 ; rue des Moulins, 6 ; rue Sainte-Anne, 37 et 39.

IIe, rue d'Aboukir, 131 ; rue d'Amboise, 8 et 10 ; rue Blondel, 32 ; rue de Chabanais, 12 ; rue Colbert, 10 ; rue Feydeau, 12 ; rue de la Lune, 43 ; rue Ste-Apolline, 25 ; rue Sainte-Foy, 21 et 24.

IXe, rue Joubert, 4 ; rue Monthyon, 14 ; rue de Provence, 92 ; rue Taitbout, 56.

Quelle que soit leur importance ou le quartier, ils ont

un personnel plutôt jeune et choisi. Aussi leur clientèle est-elle généralement aisée ou tout au moins momentanément en fonds.

Certains sont connus par diverses attractions, et l'on cite d'abord le « Chabanais », du nom de la rue où il est situé et connu du monde entier des cosmopolites.

Somptueusement installé, il n'est pas un étranger de marque, venant à Paris, qui n'aille le visiter, au moins par curiosité, ou chercher l'illusion d'une patrie absente, car il retrouve là sa langue nationale et un ameublement *ad hoc*. C'est ainsi qu'il existe une série de chambres dites française, russe, espagnole, turque, mauresque, japonaise (d'un luxe inoui), la magnifique chambre indienne, la sombre chambre de Venise qui fait songer aux doges, etc. Il existe même une chambre transformée en une riche cabine transatlantique, ayant la forme d'un hamac suspendu de façon à ménager un balancement simulant le roulis d'un paquebot.

A presque toutes les chambres est annexé un confortable petit boudoir.

Au salon des Dames fait suite un riche salon du plus pur Louis XV affecté aux danses et aux poses plastiques.

Toute cette fantaisie s'allie à un luxe de tapis de peintures, de tentures, de lumières, de glaces prodigués vraiment à la folie ; murs et plafonds se répétant à l'infini l'image et les gestes des personnages.

Puis, la reconstitution exacte d'une salle de bains de Pompéi, avec ses peintures sur plaques dorées, exécutées par un grand artiste, et sa large baignoire en cuivre repoussé, étincelante comme une conque marine.

Enfin, voici la grotte de Calypso, construite dans la cour et qui vient compléter les attractions de ce luxueux Eden.

On peut citer également pour son luxe la maison de la rue des Moulins. Le personnel y est polyglotte, et sa clientèle masculine et féminine se recrute dans la classe riche.

Enfin, une maison de la rue d'Amboise possède une grotte dénommée « sous-marine » à cause de sa disposition toute particulière combinée avec un aquarium. Des effets de glaces et de lumière, adroitement disposés, permettent d'admirer dans tous leurs mouvement les corps des naïades.

Dans les IIIe, IVe, V[e] et VIe arrondissements, ces maisons sont peu nombreuses, on y compte encore :

IIIe, rue Blondel, 4.

IVe, rue Jean-Beaussire, 15 ; rue de Fourcy, 10 ; rue de l'Hôtel-de-Ville, 19.

V[e], rue Maître-Albert, 26.

VIe, rue Mazarine, 49 ; rue des Quatre-Vents, 5.

Celles de la rue Blondel et de la rue Mazarine tiennent le milieu entre celles précédemment indiquées et celles qui vont suivre. Leur principale clientèle se compose d'employés et d'étudiants dont les poches sont garnies de deux ou trois pièces de cinq francs.

Les autres appartiennent à la catégorie des maisons des arrondissements périphériques (du XIe au XXe), lesquelles sont au nombre d'une vingtaine.

XIe, rue de Montreuil, 112.

XIIe, rue Traversière, 19.

XIIIe, boulevard d'Italie, 9 et 11.

XIVe rue Jolivet, 7 et 17.

XVe boulevard de Grenelle, 113 ; Avenue de Suffren, 106 ; Avenue de Lowendal, 22.

XVIIe, passage Cardinet, 3 ; rue Fragonard, 15.

XVIIIe, boulevard de la Chapelle, 106.

XIXe, boulevard de la Villette, 164-219-226 et boulevard Serurier, 3 et 4.

XXe boulevard de Belleville, 70 et boulevard de Menilmontant, 88.

Toutes ces dernières ont des estaminets, c'est-à-dire une table en bas, où l'on boit et où l'on fume, comme dans les cafés. Ils appellent extérieurement l'attention du public par leurs façades et leurs vitraux multicolores, indépendamment d'un numéro gigantesque. Les femmes qu'on y trouve, sous des costumes souvent grotesques, ne sont pas précisément des débutantes, mais sûrement des alcooliques. La classe ouvrière et la caserne, peu fortunées, en forment la clientèle principale.

Enfin, pour terminer ce chapitre délicat, nous signalerons ces maisons louches, qu'aucune particularité extérieure ne désigne au public, mais que connaissent bien les initiés. Connues sous le nom de maisons de rendez-vous, elles sont, pour la plupart, semblables à celles que nous venons de désigner ci-dessus.

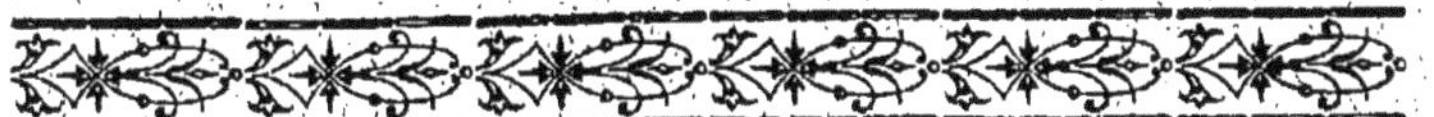

MAISONS DE RENDEZ-VOUS

Où commence, où finit la maison de rendez-vous ? La délimitation est impossible, étant donné que la plupart des hôtels ont généralement trois ou quatre chambres de passe, et que quantité de proxénètes louent des appartements servant de rendez-vous. Certains journaux annoncent même impunément ces maisons, dont beaucoup préconisent le massage contre l'obésité, les massages hygiénique, électrique, anglais, américain, portugais, roumain, suédois, etc. Il y en a pour tous les goûts et pour toutes les bourses, mais aussi on doit n'en avoir que pour son argent.

Le massage russe est fort à la mode, sans doute à cause de l'alliance, et la concurrence est grande, mais il faut croire qu'il donne de beaux résultats, car les maisons qui l'exercent opèrent dans les grands prix et dans les grands quartiers.

Les maisons de rendez-vous jouissant d'une certaine réputation sont les suivantes :

Rue de la Michodière, rue de l'Arcade, Cité d'Antin (rue de Provence), rue des Petits-Carreaux, rue Richer, rue de Berne, qui sont du genre tolérance ; rue du Château-d'Eau, rue de Londres, maison des plus « smart » dont la clientèle se compose, dit-on, d'un grand nombre de femmes mariées, ainsi que celles de la rue du Colisée, rue St-Lazare, rue Taitbout, fort connue autrefois, rue du Hedler, rue de Châteaubriand, rue St-Georges, rue Lavoisier, rue de la Victoire, rue des Mathurins, rue Grange-Batelière, près la passe Jouffroy, rue Lafferrière, dont la réputation est connue de tout le *high life*, etc.

Enfin, terminons cette longue liste en signalant, rue de la Victoire et rue Saint-Lazare, près la place de la Trinité, deux maisons meublées, de genre très riche, fréquentées surtout par les Anglais et les Orientaux.

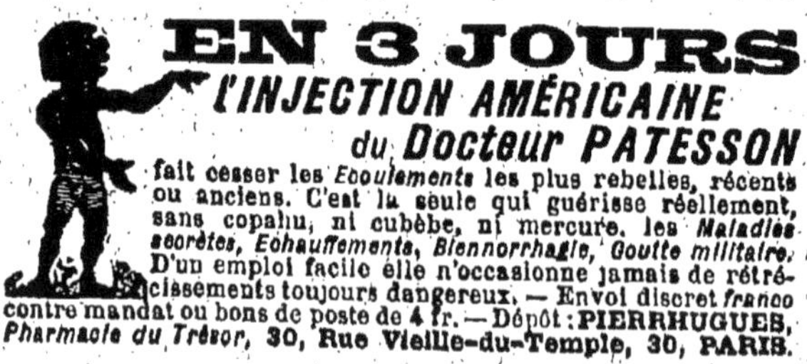

MASSAGE

Certaines opérations accompagnent souvent le bain et sont regardées parfois comme indispensables soit dans un but hygiénique, soit dans un but médical : les onctions, les frictions, le séchage et le massage.

Cette dernière opération est, depuis quelques années, devenue tout à fait à la mode.

Le massage favorise et active l'action vitale à la peau et dans les parties sous jacentes ; il est donc souverain contre les engorgements et efficace contre toutes les névroses superficielles, mais on ne doit pas, comme certains enthousiastes, en faire une panacée, et surtout il ne faut pas oublier qu'il peut devenir dangereux si on l'emploie sans modération et sans intelligence.

Ce qui prouve son innocuité et son succès, c'est la confiance qu'inspirent les rebouteux, dénués de toute notion d'anatomie ou de physiologie, et qui pratiquent surtout l'effleurage, la friction, le pétrissage et le tapotement.

Au lieu de recourir à ces rebouteux, il est préférable de s'adresser à des établissements dont l'installation et le personnel ne laissent rien à désirer ou à des masseurs expérimentés.

Nous en citerons ici quelques-uns seulement.

Institut Suédois, avenue d'Antin, 73.

Mme Chauveau, 104, rue d'Aboukir.

Ed. Berg, 20, avenue des Champs-Elysées.

Mme Mackay, 41, avenue de Wagram.

Hjalmar Berg, 10, rue Lord-Byron.

Dr Jordanis, 51, rue des Martyrs.

Mme de Syène, 15, rue de Berne.

Caresmel, 61, passage Choiseul.

Mme Mary-Marthe, 62, rue Pigalle.

Mme Marie, 14, passage de l'Opéra.

Dorel, 34, rue de Penthièvre.

Mlle Bayon, 78, rue d'Amsterdam.

Institut médical des agents physiques, 23, rue Blanche.

BAINS

Le bain n'a pas pour but exclusif la propreté. Il est employé, non seulement au point de vue hygiénique, mais encore au point de vue thérapeutique. A la suite de fatigue, de courbature ou d'insomnie, le bain produit un bienfaisant effet.

Nous avons donc cru ajouter aux chapitres précédents celui-ci comme suite naturelle.

On ne trouverait certes pas à Paris des thermes aussi luxueux que ceux des Romains ; on n'y trouverait pas davantage la promiscuité des sexes qui transformait alors ces établissements en véritables lieux de débauche et d'orgie, non, nos mœurs s'accommoderaient mal de ces pratiques.

Mais quand, par la pensée, on se reporte aux luxueux établissements de bains romains et orientaux, on est frappé du contraste que présentent avec eux nos bains modernes.

Nous prenons nos bains dans un étroit cabinet, à l'un des coins duquel est placée une étroite baignoire, où l'eau n'exhale d'autres odeurs que celle des tuyaux.

A la suite du bain, point de lit de repos, point de

massages, point d'essences, une brusque transition du froid au chaud, tel est le bain actuel.

Aujourd'hui, plus de deux cents établissements de bains chauds sont répartis dans les arrondissements et sur la Seine, mais beaucoup trop sont loin d'être d'une parfaite propreté.

Quelques grands établissements, dont plusieurs appartiennent à la ville de Paris. ont remplacé les baignoires par des piscines, dont l'eau est renouvelée tous les jours. Cette eau est chauffée à 20° en hiver. Le peu de profondeur (environ 2 m. 20) permet aux baigneurs d'apprendre la natation sans danger.

Certains d'entre eux sont parfaitement installés avec bains turcos-romains, salles de sudation, de vapeur, de massage, douches, piscines, et lits de repos.

Parmi ces derniers nous citerons :
les Bains de Cambacérès, 28, rue Cambacérès.
   »   Guerbois, 7, rue Bourg-l'Abbé.
   »   de Penthièvre, 30, rue de Penthièvre.
   »   de Provence, 33, faubourg Montmartre.
   »   Pigalle, 41, rue Pigalle.
   »   de la Samaritaine, sur la Seine, au Pont-Neuf.
   »   Sainte-Anne, 58, passage Choiseul.
   »   Tivoli, 32, boulevard des Batignolles.

Le Balnéum, 16 bis, rue Cadet. avec hydrothérapie complète.

La grande piscine Rochechouart, 65, rue Rochechouart, merveilleusement installée.

Le Hammann, 18, rue des Mathurins, avec entrée particulière pour les dames, 47, boulevard Haussmann. Établissement de premier ordre.

LA COOPÉRATIVE

ORGANE SPÉCIAL AUTORISÉ

DES EMPLOIS VACANTS

Pour le placement des employés des deux sexes.

5, Rue de la Fidélité, 5 (Gare de l'Est)

✦ PARIS ✦

BUREAUX OUVERTS DE 9 H. DU MATIN A 6 H. DU SOIR

DIMANCHES ET FÊTES EXCEPTÉS

Emplois divers pour Paris, Provinces, Etranger et Colonies

Comanditaires, employés, intéressés ou associés, régisseurs, concierges, gérants, gardiens, surveillants, fermiers, éleveurs, jardiniers, contre-maîtres, Dépositaires, négociateurs, vendeurs, employés-commis, Courtiers, placiers, représentants, voyageurs, Intendants, interprètes, maîtres d'hotel, professeurs, instituteurs, gouverneurs, Dessinateurs, géomètres, architectes, écuyers, cochers, Grooms, cuisiniers, sommeliers, valets de chambre, Domestiques, gouvernantes, institutrices, cuisinières, bonnes d'enfants, gardes malades, dames et demoiselles de magasin, caissières, vendeuses, placières, lingères, essayeuses, mannequins.

Joindre timbre pour réponse

EXCURSIONS

EN

SUISSE

Après quelques semaines passées à l'Exposition, le voyageur éprouvera le besoin de se délasser ; il voudra se reposer, varier ses plaisirs avant de retourner à Paris ou de rentrer dans son pays. L'étranger anglais ou russe, serbe ou américain, n'aura pas fait 1500 kilomètres en chemin de fer ni traversé l'Océan rien que pour venir en France visiter l'Exposition. Il voudra voir d'autres pays, connaître d'autres villes, se rendre compte des attraits de cette partie de l'Europe qu'il ne connaît point, dont il a entendu parler, qu'on lui a tant vantée. Mille endroits solliciteront sa visite ; les affiches multicolores attireront son regard. Que choisir ? où diriger ses pas ?

Son premier désir, à notre voyageur, sera de visiter le petit pays dont tous gardent un souvenir si particulier, la Suisse universellement connue, aux sites merveilleux, à la réputation justifiée.

La Suisse, aujourd'hui à dix heures de Paris, où l'on vient chercher tout : le charme et le pittoresque d'une idéale nature, les lacs bleus, les montagnes, les excursions, etc.

Nous croyons être agréables à nos lecteurs en leur donnant quelques itinéraires de voyages en Suisse avec des renseignements sur ses stations les plus courues.

DE PARIS EN SUISSE

PAR

BELFORT ET BALE

Trains rapides de Paris en Suisse par Belfort, entièrement composés de voitures de 1re et de 2me classe à couloir, des types les plus récents, avec cabinets de toilettte et water-closets, circulant entre Paris et Bâle.

Service direct permanent de PARIS à BALE par Petit-Croix et Mulhouse : Départ de Paris : 9 h. du matin, arrivée à Bâle, 7 h. 35 du soir (heure de l'Europe centrale E. C.) Correspondances pour la Suisse et l'Italie : Arrivée à 11 h. du soir à Lucerne, à 10 h. 56 du soir à Zurich, à minuit 53 à Berne, etc. Wagon-restaurant de Paris à Belfort :

Billets d'aller et retour de SAISON A PRIX TRÈS RÉDUITS délivrés du 1er mai au 15 octobre, valables **60 jours.**

A. De Paris à Bâle, Lucerne, Zurich, Ragatz, Landquart, Davos-Platz, Coire, Thusis, Einsiedeln ; facultatif par Neuchâtel, les Verrières ;

B. De Paris à Berne avec retour ;

C. Des principales villes des réseaux du Nord et de l'Est à Bâle, Lucerne, Zurich, Berne et Interlaken.

Les gares des sept grands réseaux français délivrent **toute l'année,** sur demande faite au moins 8 jours à l'avance, conjointement avec les carnets du tarif commun 105 (Voyages circulaires à itinéraires facultatifs), des **Billets combinés à prix réduits** valables **45 jours,** pour effectuer des voyages à itinéraires facultatifs en **Suisse.**

Pour tous autres renseignements, voir le **Livret des Voyages Circulaires et Excursions** que la Compagnie des chemins de fer de l'Est envoie gratuitement sur demande affranchie.

CHEMINS DE FER

PARIS-LYON-MEDITERRANEE

Villes d'Eaux

Billets d'aller et retour collectifs

Il est délivré, du 15 Mai au 15 Septembre, dans toutes les gares du réseau P.L.M., sous condition d'effectuer un parcours minimum de 300 kilomètres aller et retour, aux familles d'au moins quatre personnes payant place entière et voyageant ensemble, des billets d'aller et retoue collectifs de 1re, 2e et 3e classes, valables 30 jours, pour les stations thermales suivantes : Aix (Aix-en-Provence), Aix-les-Bains (Aix-les-Bains, Marlioz), Baume-les-Dames (Guillon), Besançon, Bollène-la-Croisière (Condorcet), Bourbon-Lancy, Carpentras (Montbrun), Cette (Balaruc), Chambéry (Challes), Charbonnières, Clermont-Ferrand (Royat), Coudes (Saint-Nectaires), Digne, Euzet-les-Bains, Evian-les Bains, Genève (Champel), Grenoble (Uriage), Groisy-le-Plot-La-Caille, La Bastide-St-Laurent-les-Bains, Le Fayet-St-Gervais (St-Gervais-les-Bains), Lépin-Lac d'Aiguebelette (La Bauche), Le Vigan (Cauvalat-les-Vigan), Lons-le-Saunier, Manosque (Gréoulx, Menthon (Lac d'Annecy), Montélimar (Bondonneau), Montpellier (Palavas), Montrond, Moulins (Bourbon-l'Archambault), Moutiers-Salins (Salins, Brides), Pontcharra-sur-Bréda (Allevard), Pougues-les-Eaux, Rémilly (St-Honoré-les-Bains), Riom (Chatelguyon, Châteauneuf), Roanne (St-Alban), Sail-sous-Couzan, St-Georges-de-Commiers (La Motte-les-Bains), St-Julien-de-Cassagnas (Les Fumades), St-Martin-Sail-les-Bains, Salins (Jura), Santenay, Sarrians-Montmirail, Sauve (Fonsange-les-Bains), Thonon-les-Bains, Vals-les-Bains-Labégude, Vandenesse-St-Honoré-les-Bains, Vichy, Villefort (Bagnols).

Le prix s'obtient en ajoutant au prix de six billets simples ordinaires le prix d'un de ces billets pour chaque membre de la famille en plus de trois, c'est-à-dire que les trois premières personnes paient le plein tarif et que la quatrième et les suivantes paient le demi-tarif seulement.

LE
KURSAAL DE GENÈVE
NOUVEAU-THEATRE
Ouvert du 1er Avril au 30 Octobre
est le plus grand établissement de ce genre
dans la Suisse romande.

Situé sur le quai du Mont-Blanc, la vue dont on y jouit sur
LES ALPES ET LE MONT-BLANC
est unique et merveilleuse.

Tous les jours, du 15 Juin au 30 septembre, de midi à 6 h.
CONCERT
SUR LES TERRASSES

Pendant toute la saison, à 8 heures du soir
CONCERT-SPECTACLE
Par les principaux artistes des Spectacles et Music-Halls européens.
Orchestre de tout premier ordre
(40 musiciens)

Dimanches et Fêtes de 3 à 6 h.
MATINÉES - ENFANTINES
Spectacle de famille,
Seul rendez-vous de la bonne Société.

GRAND CAFÉ GLACIER, BAR ANGLAIS
SALON DE LECTURE
Journaux de tous pays
Service spécial de dépêches donnant les dernières
nouvelles du monde entier et les cours de la Bourse.

RESTAURANT
Cuisine Française.

TABLE DES MATIÈRES